让孩子与成功有约

好妈妈大讲堂

李 俊◎著

好孩子 好习惯 好性格 好未来

最珍贵的教育，
就是尽最大的力量，
让孩子做自己。

全国百佳图书出版单位
时代出版传媒股份有限公司
安徽人民出版社

图书在版编目（CIP）数据

让孩子与成功有约 / 李俊著 . -- 合肥 : 安徽人民出版社 , 2012.11
ISBN 978-7-212-05943-9

Ⅰ . ①让… Ⅱ . ①李… Ⅲ . ①家庭教育 Ⅳ . ① G78

中国版本图书馆 CIP 数据核字 (2012) 第 280523 号

好妈妈大讲堂

让孩子与成功有约

作　　者 | 李　俊
出 版 人 | 胡正义
选题策划 | 王其芳
责任编辑 | 王其芳　刘一寒
责任印制 | 刘　银

出　　版 | 时代出版传媒股份有限公司　http://www.press-mart.com
安徽人民出版社　http://www.ahpeople.com
合肥市政务文化新区翡翠路 1118 号出版传媒广场 8 楼
邮编：230071
发　　行 | 北京时代华文书局有限公司
北京市东城区安定门外大街 138 号皇城国际大厦 A 座 8 楼
邮编：100011　电话：010 - 64267120　010 - 64267397
印　　刷 | 北京正和鼎业印刷技术有限公司
（如发现印装质量问题，影响阅读，请与印刷厂联系调换）

开　　本 | 700×1000　1/16
印　　张 | 12
版　　次 | 2013 年 1 月第 1 版　　2013 年 1 月第 1 次印刷
书　　号 | ISBN 978-7-212-05943-9
定　　价 | 22. 80 元

目 录

第一章 好孩子，好性格，好未来

第三章　女孩子性格培养注意事项

好妈妈大讲堂

第一章

好孩子，好性格，好未来

第一节
有主见的孩子才有未来

一直以来，人们的看法就是，听话的孩子就是好孩子。因此，听话就变成衡量一个孩子好坏、是否懂事的标准。实际上，这是一个很大的教育误区。

很多时候，我们总是教育孩子在家里要听父母等长辈的话，在学校里要听老师的话，但是孩子听话过程中也有困惑。比如，妈妈叫孩子做某件事情，但是爸爸却不同意，那么孩子该听谁的话？听妈妈的话，被爸爸骂成不听话的孩子，反之又被妈妈骂了。因此，做一个听话的孩子都这么难。

对于父母来说，要求孩子听话时，能否思考一下，自己的话是否说对了。如果什么时候都叫孩子听话，那么孩子就失去个人主见，长期下去，就变得如一台复印机一般。到时，遇到什么事情都不会处理，都需要问父母，否则就不知道该怎么办？

实际上，有主见的孩子才有未来。这些孩子有自己的想法，能够在思考之中判断是非，而不是被别人灌输思想。或许，很多父母内心仍然有很多困惑，但是本书这一节将解答你心中的困惑，从而你会发现以前的那些想法都是错误的。

不听话的孩子更容易成才

听话的孩子讨人喜欢，这是不可否认的，但是从成才的角度来看，不听话的孩子可能更容易成功。如果一个孩子什么都听从长辈的，这绝对不是一件好事。通常情况下，很多人都觉得只要孩子听父母的话，按照父母的话去做，就可以走上康庄大道，成就一生的辉煌。

不管是父母还是老师，往往都喜欢听话的孩子，这是什么原因？对于这个问题，我们可以换个角度思考，如果你是一位县委书记，那么你希望全县的老百姓听话还是不听话？老师也经常抱怨自己的学生不听话，管理起来很困难。因此，听话的孩子管理起来成本低，是一件省心的事情，这就是他们讨人喜欢之处。

其实，听话的孩子之所以能够讨人喜欢，并不是因为他们比不听话的孩子更容易成才，而是管理成本的因素。很多家长在教育孩子时，大量给孩子灌输听话这个价值取向，甚至在听话问题上采取一票否决原则。有的家长对孩子的要求，就是在家里听父母的话，在学校里听老师的话，一切都不用管了。有时候，他们为了解决听话孩子的后顾之忧，就和孩子说，只要听他的话去做，即使出了问题，爸妈也可以给他扛住这一切。这就给孩子一种信息，只要执行好父母的意志就可以，做得对与错都和自己无关。

如果孩子过多听父母的话，就相当于一台复印机，从而缺少自己的独立思考。有的家长还炫耀自己的孩子是多么听话，叫他向东走，他就不敢向西走。很多时候，父母总是喜欢把自己的知识、思想、观点等东西强加给孩子，但是很少思考自己这些东西是否正确。这样的话，孩子拥有知识往往是记忆性的，而不是思辨的东西。面对很多东西，这些孩子不会思考原因，只是懂得复制别人的答案。

从某种意义上说，听话孩子的思想不会走得很远，更谈不上有什么创新能力。这些孩子长大之后，可能只会模仿，而不懂发明创造。这些听话的孩子，在父母的影响下，他们更多的是对权威思想的服从，但是却不敢提出质疑和挑战。就读小学二年级时，数学老师给我们讲一道数学题目，100米的路，每隔10米种了一棵树，需要多少棵树？数学老师的答案是10棵，这个答案明显是错的，正确答案是11棵。当时，只有我一个人坚持答案是11棵，全班其他同学都认为数学老师的答案是对的。虽然我向数学老师提出质疑，但是她连搭理都不搭理我。

有的父母很是自负，觉得自己水平很高，什么都懂。因此，认为孩子只要听他的话，按照他的模式去做，就一定能成功。尽管这种模式短期来看，可能看起来是很成功，但是却留下很大的隐患。或许，刚开始的时候，孩子按照父母的意思去做，在强化作用下取得一定成绩，但是随着时间的推移，孩子慢慢产生一种逆反心理，因而做出抵触。这个和经济学家杨小凯说的后发劣势的原理差不多，也就是说一个国家通过模仿技术而发展起来，然而制度问题没有解决，必然会出问题。道理很简单，就像父母要求孩子练习钢琴，并且带有强制性。在这种外力作用下，或许孩子开始会很积极练习，但是兴趣慢慢失去了。要是再继续强压下去，就会造成孩子的抵触心理。

其实，如果父母希望孩子更容易成才，就应该给孩子一些不听话的权利。如果不给孩子自由的思想，而是要求孩子按照父母的意志去做事情，那么如何培养自己的创造力？从秦到清，这两千多年的专制社会里，不杀功臣的只有北宋。因为北宋能够给知识分子不听话的自由权利，所以文化成果就丰盛。

对于一个孩子来说，只有给他不听话的权利，那么他才有机会去做出一些实践。这样的话，才有利于孩子创造力的培养，否则他更像温室里的花朵。如果什么都听别人的，那么只是台复印机而已。

谁规定孩子就一定要听妈妈的话?

有这么一个案例，是关于妈妈和孩子的一段对话。妈妈说：“好孩子听话，赶紧写作业。”可是孩子却说：“我想先看少儿节目再写作业。”妈妈接着说：“不行！从小要养成好习惯，先写作业，好孩子听话！”孩子做出质疑：“听话，听话，为什么我一定要听你的话呢？”妈妈就解释说：“因为我是你妈妈。”孩子听了，反问一句话：“谁规定孩子就一定要听妈妈的？”

孩子的“谁规定孩子就一定要听妈妈的”这句话，对很多家长来说，都觉得这个孩子有一点想造反。毕竟，一直以来，人们的观念都是认为晚辈听从长辈的话那是天经地义的事情。案例中的妈妈似乎无法说服孩子，从而就来一句用身份压人的话。这就给孩子一个信号，他之所以听妈妈的话，并不是妈妈的话有道理，而是因为她是自己的妈妈。

如果作为父母，不是从道理上去说服孩子，而是动不动就来一句，“因为我是你妈妈”的话，这只能把孩子逼上造反之路。如果这样长期下去，她就会在孩子面前失去威信。她的孩子内心里就会这样想，这个妈妈没什么水平的，除了用身份压人之外，只是喜欢胡说而已。哲学家培根说过一句话，知识就是力量。这就说明，如果父母能够用知识去说服孩子，这个力量远远比身份压人的作用要大。要是孩子听从父母的原因，不是身份因素，而是父母拥有的学识让孩子产生一种敬畏的话，孩子就不会产生逆反的心理。

可以说，很多父母对孩子教育往往缺少一种讲理的精神。很多时候，他们总是觉得孩子听父母的话是天经地义的事情，所以孩子在外力压迫之下，无奈去做一个乖孩子。因此，孩子内心里就有这种想法，等到自己做了父母，就有这种特权。这种文化氛围下，就无形中影响了孩子对权力产生迷恋。

很多小学生都喜欢当班干部，比如班长、副班长、学习委员、组长等职务。其实，这个和中国的家庭教育有关。孩子在家里受到父母管理，所以就希望自己能够当个班干部来管理别人，享受一下权力的感觉。从某种意义上说，中国社会很多问题，和家庭的教育理念是分不开的。很多人对民主呼吁的声音是很强烈，但是为人父母时，却不懂对孩子讲民主，而是用身份压迫孩子。

有的父母，面对孩子不听话时，没有耐心去以理服人，而是采取讲理之外的方式。不是身份压人，就是喜欢采取道德绑架方式，那么就不可能起到真正的教育效果。其实，父母不能仅仅要求孩子听话，同时要做到听孩子的话，只要孩子的话有道理。

如果不是到了特别紧急的时刻，对孩子尽量不要动用家长的“权力”，否则只能导致问题越来越严重。很多时候，父母不能克制自己的情绪，动不动就失去理性，比如动手打孩子，这都是不好的。当然，必要时还是要惩罚的，但是必须有个原则，而不是以个人心情的好坏来决定。

要是父母以“因为我是你妈妈”的理由，而来要求孩子听自己的话，这种做法是非常有害的。滥用这种特权的结果，就是在孩子面前失去威信，同时背后隐藏更是一场灾难。

听话的孩子是父母的悲哀

传统的看法，听话的孩子就是好孩子，不听话的孩子就是坏孩子。因此，当别人夸奖自己的孩子真听话，父母都觉得很开心。有的父母还喜欢在别人面前显摆，比如说：“我家孩子不知有多听话呢！长这么大从来都没有做过让我们生气的事情。”

如果父母是完美的，是一个全知的上帝，那么做一个听话的孩子是没问题。可是父母也是一个普通人，知识结构也很有限，不可能做出的决策都是对的。实际上，中国很多家长都很自负，总是理所当然觉得自己的教育方式是对的，所以就要求孩子去听他们的话。父母的话往往就是一种指示，孩子必须无条件去执行。面对孩子时，父母有一种倚老卖老的心态，说自己是过来人，经验是非常可靠的。父母希望自己的孩子努力学习，这个出发点是对的。但是如果孩子问为何要努力学习，很多父母都不会做出解释，而是采取很粗暴的方式说，别问这么多，努力学习就是了。他们不会和孩子解释，努力学习有什么收益，不是以理服人，而是动用权力。

很多父母都没有真正反思过，孩子凭什么要听自己的话？难道仅仅因为自己是父母，就有权力要求孩子无条件听自己的话？他们不会换位来思考，为何孩子不听自己的话，是自己的话没有道理，还是自己的表达有问题？有的父母从小就给孩子灌输一种听话的思想，却不给孩子独立的思考空间。其实，不管是什么样的人，都应该有机会表达自己的想法，但是有的父母却剥夺孩子的这种权利。如果能够做到双方地位平等，大家有什么想法，都可以拿出来讨论，即使说错了，也不要给予指责，反而有利于问题的解决。实际上，通过辩论之后，真理更容易浮出来。

要是自己的孩子正在读高中，但是他突然说不想读书了，那么父母听了很伤心。这种情况下，很多父母都会用权力去强制孩子读书，命令孩子必须读完高中，然后考大学，没有一点商量的余地。如果用这种语气和孩子说话，可能这个孩子要么和父母对抗，要么假装听话，但是无法达到预期的效果。假如他的父母是理性的，找孩子好好交流，前提是双方地位是平等的。比如，给孩子做放弃上学的成本分析，就当作一场学术交流会，我想这样孩子可能更乐意听从父母的话。要是父母能够对孩子说："我不要求你听我的话，但是如果我的话有道理，还是希望采纳一下。"孩子是很乐意接受父母的意见的，只是很多时候，父母因为面子，无法放下这个架子。

真正好的父母，要明白一个很简单的道理，孩子是否听父母的话并不重要，关键是这个孩子有自己判断是非的能力，知道什么是善，什么是恶，而不是听话原则高于是非原则。有的孩子从小就听父母的话，父母叫他干啥，他就干啥。有的男孩到了谈婚论嫁的年龄，遇到事情无法做决定，甚至很小的事情，都要问父母，否则就不知道该怎样做。

事实上，很多成功人士，他们小时候往往不是听话的孩子。他们有自己的想法，甚至有天马行空的思想。中国家长要求孩子听话，结果往往抹杀了孩子的创造力。其实，如果你是父母，要是你孩子什么都听你的，你叫他干啥，他就干啥，甚至是非都不分，这不是悲哀是什么？

给孩子灌输知识是愚蠢的做法

一直以来，中国很多家长对孩子的培养陷入误区。他们喜欢给孩子灌输各种知识，却不懂教会孩子思考的能力。很多家长在教育孩子时，往往喜欢把问题的答案直接告诉孩子，但是没有解释为什么答案是这个。家长把大量知识传输到孩子的大脑里，那么孩子的大脑就相当于一个硬盘，只有储存功能，没有创造功能。

长期给孩子灌输知识，就会降低孩子求知的欲望，从而形成个人思维的惰性。如果什么事情都有人告诉他答案，那么孩子就不会积极思考问题。要知道，人是有天生的惰性，往往不愿意动脑筋想问题。很多时候，人们都是喜欢从别人那里获取答案，而不是自己想出来。要是家长不断给孩子灌输知识，那么孩子的思维就容易被固定下来。同时，家长给孩子灌输的知识，并不能保证一定是正确的。因此，如果孩子从小就接受一种观点灌输，那么就在不知不觉之中接受了，从而缺少怀疑精神。一旦形成这种思维定式之后，就很难从另外一个角度去思考问题。当然，个人创造力就会受到束缚，自然就不会走得很远。

知识对每个人都是非常重要的，但是如果被动灌输进来，往往是有害无益。对于家长来说，并不需要教给孩子太多的知识，而是培养孩子获取知识的能力。要是孩子遇到什么不懂的东西，就应该鼓励孩子思考，从而寻找问题的答案。在这个过程中，家长可以不断引导孩子思考，而不是立刻就把答案告诉孩子。不管孩子的答案是否正确，都不应该打击孩子的信心。要是孩子的答案错了，就鼓励他继续思考，一起和孩子寻找答案。比如，100米的道路，每隔10米种一棵树，需要多少棵？或许，很多孩子都会说是10棵，但是家长不可以骂孩子愚蠢，然后就告诉他，答案是11棵。我觉得好的家长应该告诉孩子，这个答案不对，叫他再思考一下。要是他还是没有想出来，就可以和他一起模拟一条100米的道路，然后每隔10米就种一棵树。种好之后，就叫孩子点一下，到底是多少棵树？这种方式比直接给孩子灌输答案要强得多，最重要的就是启动孩子思考问题的能力。要是和孩子说，记住是11棵，那么孩子可能很快就忘记了，并且也搞不明白，为什么是这个答案。

很多家长认为孩子的分辨能力差，所以就剥夺了孩子对事物的分辨权利。同时，还有一些家长担心孩子接受了有毒思想，就给孩子拼命灌输所谓的正确知识。有的家长经常教育孩子，不要和陌生人聊天，把陌生人说成恐怖分子。其实，这对孩子的成才是不利的，从而造成孩子内心的恐惧。因此，很多大学生并不懂得如何和陌生人打交道，我想可能和从小接受的教育有关。

可以说，不管家庭教育还是学校教育，往往都是知识灌输方式。很多老师并不懂得启发学生的思考能力，而是照本宣科给学生灌输知识。因此，这些知识并没有成为一种力量，反而是一堆废物。如果家长担心孩子输给别人，就拼命给孩子灌输各种知识，那么这种做法是非常愚蠢的。

不要剥夺孩子的理想

每个人都有自己的理想，但是很多时候孩子的理想却被家长剥夺了。很多孩子无法给自己的理想做主，而是被迫按照家长的想法去做。从孩子高考报志愿，到大学毕业的志愿选择，有的家长全部替代孩子去做了。对于孩子来说，没有自己的理想，只需按照家长安排好的路去走就可以了。

中国有很多家长都喜欢把自己未能完成的心愿寄托给下一代，所以就刻意左右孩子的想法。如果孩子的理想不符合家长的价值理念，就会想方设法去说服孩子，甚至强迫孩子放弃这些理念。如果家长觉得当医生是一个不错的选择，那么就会要求孩子在这方面争取，却从来都没有尊重孩子的理想。要是孩子不听家长的话，就骂孩子任性，一点都不懂事，不会体谅父母的良苦用心，不会换位思考问题。其实，这种做法完全是难为孩子，并不是孩子不懂事，而是家长不懂事，不懂得体谅孩子。我觉得家长可以思考一下，要是别人逼自己做不喜欢的事情，自己的感受是怎样的。

很多家长觉得公务员这个职业非常好，就要求孩子将来也考公务员。有的家长整天在干扰孩子的生活，说人家孩子考上公务员了，多么有出息，可是自己的孩子却一点都没有要求进步。对于孩子的婚姻，要是女儿的话，就要求她嫁给一个公务员等体制内工作的人。个别的家长，甚至用以死相逼的方式。总之，理由很简单，一切都是为你的幸福着想。

事实上，这些家长只是打着为孩子谋幸福的名义而已，但是往往让孩子更加痛苦。即使公务员是一个让人羡慕的职业，要是自己孩子不喜欢的话，这就是一种折磨。很多家长的思维都有问题，自己觉得苹果很好吃，就以为别人也觉得苹果很好。这些家长不会站在孩子的角度思考问题，而是从个人意志出发，从而剥夺了孩子的理想。

虽然不能保证孩子的想法都是从实际出发，但是他们是当事人，毕竟在感受方面更深刻。其实，孩子的理想也是从个人实际情况出发，并且根据情况不断变化而调整。很多家长都没有看到这一点，却以过来人的身份去命令孩子。

要知道，孩子是有独立人格的人，有权利拥有自己的理想。不管他的理想是否对了，这需要他个人来承担，所以自然就有这个权利。可以说，理想是每个人的私产，干预别人的理想，就等于侵犯他的财产。

不管孩子的职业理想，还是婚姻理想，我觉得家长都应该尊重。说实话，并不能因为自己是家长，就可以任意干涉孩子的理想，这和一个现代文明社会是格格不入的。因此，我觉得真正的好家长，就应该懂得保护孩子的理想。

要给孩子思想的自由

方馨的母亲是一名小学语文老师。有一次，她在语文课上举手向任语文老师、班主任的母亲就一处表述提出质疑："要么是鲁迅写错了，要么是国家教委编错了！"但是想不到，她的母亲当场发飙："鲁迅怎么会错？！国家教委怎么会错？！"结果，坚决不认错的她受到严厉的惩罚，她在全班同学面前高声朗读检讨书，重复三遍："是我错了！"

实际上，和方馨的母亲有一样想法的家长不是个别的。在他们看来，权威这东西是神圣的，不可以质疑和挑战。在方馨的母亲看来，鲁迅和国家教委都是完美无缺，绝对不会错。一旦有人提出质疑，她在感情上自然接受不了，所以就失去理性去惩罚女儿。

很多家长在教育孩子时，往往喜欢把自己心中的是非标准强加给孩子。在很多问题上，有一些家长并不是就事论事，而是以一种过来人的身份而表现得很傲慢。他们不给孩子思想的自由，甚至害怕所谓"不良"的思想毒害了孩子。如果孩子对权威东西进行质疑，就会给孩子泼冷水，甚至进行讽刺。比如，有的孩子对政府一些政策提出不同的看法，有的家长就会发脾气："你懂什么啊，这些政策都是很多专家研究出来，难道他们的智慧还不如你这个小孩子？"

除了我已故的父亲相对开明，允许我胡思乱想之外，那些长辈都是对我的异端思想进行打压。不管我有什么想法，都必须符合他们的价值标准，否则就要面对他们的嘲笑和讽刺。读初中时，我就对钱币收藏很感兴趣，但是却遭受长辈们的讽刺。当时，我在收藏第三套人民币时，外公就骂我，说到时一旦国家停止流通之后，这些钱币就立刻变成废纸。同时，他还说要想赚钱的话，就要辛勤劳动，这种行为是投机取巧。由于没有得到长辈的支持，我收藏的旧币并不多，但是我当年以等价兑换的第三套人民币的2元，现在已经涨到2000多元。更有讽刺意味的就是，曾经嘲笑我的那些长辈，有的却悄悄去搞这种投机行为。

可以说，我很小的时候就有很多想法，但是那些长辈都是打压我，甚至指责我已故的父亲纵容我。我在三四岁时就对周围事物产生极大的兴趣，但是不管我问什么，父亲总是想方设法回答我的问题。关于通胀现象、灯塔的故事等经济现象，父亲都和我交流了他的想法。读幼稚园时，老师教给我们二减去一等于一，但是我却反过来问老师，一减去二等于多少？老师却和我说，傻孩子不许捣乱。后来，我问父亲，他就和我说一减去二等于负一。他举例说，比如这件商品价格是2元，但是身上只有1元，要买它的话，还欠1元。

其实，中国很多家长都不给孩子思想的自由，甚至通过各种方法进行控制。事实上，这种控制往往导致孩子产生极端的思想，造成孩子心理的抵触。有一次，我母亲单位的同事所教的学生犯错误，同时他还把学生家长一起叫过来。不管他怎么苦心相劝，他的学生就是不肯承认错误。当时，这位学生的家长也在场，也是用心良苦。这种局面僵持很久，但是这位学生就是不肯承认错误。客观来说，这位学生确实错了，我看得出他是放不下面子。当时，我也在现场，终于忍不住说了话。我和这位学生说，既然自己做错了，就应该勇敢承担，而不是拒绝认错。认错不会有损自己的面子，老师和同学也不会因你认错而瞧不起你，反而让人钦佩你。认错的话，给了自己台阶，也给了老师台阶，对大家都有好处。认错的代价这么低，收益这么大，何乐而不为？就这样，这位学生主动向老师认错了。通过这件事情，我们可以看出说教式的教育并没有什么效果，而是让他明白收益和成本之后，产生的效果更明显。可是现实中，家长往往不会给孩子这样自由的思考。

要让孩子的思想变得成熟，不是给孩子灌输什么东西，而是让他保持自由的思想。可惜中国很多家长并没有认识到这点，甚至把“自由”视为毒品，从而赶尽杀绝。

替孩子做主是一种祸害

有一些父母，对孩子非常不放心，所以什么事情都替他做主。对于孩子来说，没有一点决策权，纯粹就是执行命令而已。有个案例说到，一所幼儿园为大班的孩子举行了毕业典礼文艺会演。会演结束后，幼儿园还为孩子们准备了丰富的自助餐。孩子在吃自助餐时，有的家长跟在孩子身后，恨不得替孩子拿这拿那。“孩子你怎么不拿虾？孩子你怎么不吃鱼？孩子别拿黄瓜，那个咱在家天天吃。”

该幼儿园的园长金巧玲接受媒体采访时说：“幼儿园为孩子们安排自助餐的目的，是想让孩子学会自己做选择，培养孩子的独立性。”这个本意是相当好的，但是却被有的家长破坏了。有的家长从孩子出生那一刻起，就不停地在替孩子做主。有的父母喜欢用自己的尺度衡量孩子，站在自己的角度去考虑问题。比如，家长肚子饿了，就理所当然地认为孩子肚子也饿了，所以就叫孩子吃东西。有的家长不会和孩子沟通，耐心向孩子咨询，了解孩子是否真的饿了。因为有的家长认为，孩子不会判断自己是否饿了，所以需要大人帮他做主。

有的父母往往喜欢把个人意志强加给孩子，按照个人偏好去替孩子做主。高考填报志愿时，有的父母觉得读理科更有前途，所以就要求孩子去读理科，却没有考虑过孩子的兴趣。本来，孩子对历史感兴趣，想读历史专业，但是父母却不同意，从而强迫孩子去读理科，比如计算机、通信工程等专业。他们觉得孩子读历史是没有任何前途的，到时就业困难，所以还是理工科比较容易找工作。或许，这个逻辑是对的，但是问题在于孩子是否对理科感兴趣，要是一点都不感兴趣，那么对他来说是一种折磨。实际上，虽然历史专业在就业时相对困难，但是如果孩子学得有兴趣，从学习之中获得快乐。可能因这份兴趣存在，他历史专业会学得很好，到时同样可以找到一份好工作。相反，他对理科一点都不感兴趣，可能会学不进去，先不说就业问题，或许能不能毕业都是一个问题。

其实，每一个人都有自己特殊的偏好。因此，有的人喜欢红色，有的人喜欢绿色，有的人喜欢黄色，这都是很正常的。道理很简单，你不能把自己喜欢绿色的偏好加强给别人，父母也应该如此。对于父母来说，不能自己觉得当教师有前途，就强迫孩子去当教师，毕竟孩子有自己的生活方式。幸福这东西，是没有任何标准的，完全是个人主观感受。要是有两份工作给孩子选择，一份是体制内的工作，一份是体制外的工作。当然，很多人都会选择体制内的工作，这是让人羡慕的工作。如果有一个人，他认为体制内的工作给他带来幸福的效用值是50，体制外的工作是70，那么他选择体制外的工作是实现了个人幸福最大效用化。通俗来说，就是他选择体制外的工作更能够给他带来幸福快乐。要是他的父母不同意他的做法，强迫他选择体制内的工作，那么他就不会那么幸福。是否幸福，当事人是最有发言权的，而不是他的父母。

很多时候，父母总是觉得孩子是无知的，不懂为自己的幸福着想，所以必须要替孩子做主。这就好比政府为了改善租房人的环境，从而一张纸令就禁止合租。政府担心务工人员不会为自己的幸福着想，选择合租方式，这是多么差的居住环境，所以要通过法律禁止合租，从而改善他们的居住环境。可是我们冷静思考一下，难道这些人不知道合租环境是不好的吗？当然不是，而是他们没钱租不起房子，所以就被迫和别人合租。道理也是一样的，并不是孩子不懂为自己的幸福着想，而是觉得父母安排的模式，并不能给孩子真正的幸福。

对于婚姻问题也是如此，父母的意志无处不在。有的父母喜欢凭着个人喜好判断，从而拆散原本很幸福的恋人。有的父母认为自己的女儿跟着这个穷小子是不会幸福的，所以强迫女儿嫁给有钱人就有了幸福的保证。实际上，并不是我们想象得那么简单，有了钱就一定幸福。金钱只是幸福的一个变量而已，而不是全部变量。

要知道，金钱、自由、名利、感情、健康等东西都可以带来幸福的，所以金钱只是一个因素而已。当然，这几个变量可以在一定的条件下交换，但是这个是有极限的。金钱可以在一定程度买到健康，增加生命长度，但是却不能使死人复活。实际上，幸福快乐往往取决这些变量综合起来的最大值。可是很多时候，有些父母的想法总是很单一的，只是看到金钱这个变量，却忽略其他变量。

我想有很多人想嫁给富二代或者娶到富二代，但是我却曾经拒绝一位所谓的富二代的女性，并且我的态度是非常坚决的。这并不是我个人对富二代的偏见，而是选择她给我带来的幸福效用值远远低于选择一般女孩的。这位千金小姐性格相当不好，做什么事情都需要别人顺从她的意志，消费很高，但是赚钱能力却差。她之前谈过五次恋爱，但是每个男友都无法接受她的性格。她的虚荣心非常强，喜欢和别人攀比，也不懂得学会和别人相处。同时，她的价值取向就是不准自己的男友或者丈夫拥有比较好的异性朋友。通过这些数据分析，很明显看出拒绝她是理性的。我之所以举这个例子，只是想说并不是嫁给富二代或者娶到富二代就一定幸福，而是看具体情况。对于父母来说，也要考虑子女的实际情况，而不是拆散女儿和穷小子的恋情，强迫她嫁给有钱人。

幸福这东西是相当主观的，完全取决于当事人。其实，不管是学业还是婚姻，父母都应该尊重子女的选择。就拿一瓶水来说，不同情况下喝它，幸福感也是不同的。如果非常口渴，那么喝它的感觉是非常好，但是一点都不口渴时，喝它反而会带来负效果。要是有的父母在口渴时喝水的感觉非常好，就认为喝水是一件很幸福的事情，所以就要求孩子喝水，这是非常错误的。或许，孩子一点都不口渴，喝水对他来说可能是一种痛苦。

父母替孩子做主，最大的危害就是对当事人不了解，这个信息是严重不对称的。尽管孩子本身做出的决策也可能出错，但是由于掌握自己情况的信息永远比父母对孩子的信息要多，所以出错机会还是远远小于父母替他做主。要是父母总是把自己当作上帝，认为自己是完美的，所以要替孩子做主，那么最终还是祸害了孩子。

小　结

父母作为过来人，人生阅历肯定比孩子要多，这都是不可否认的。即使一个人知识很多，但是在大自然面前，仍然显得那么无知。因此，我们需要一种敬畏，而不是表现得什么都不懂。

有一些父母，总觉得什么都懂，并且觉得孩子什么都不懂。不管做什么事情，都强烈要求孩子听自己的话。即使自己不熟悉的领域，也觉得自己很厉害。正是这种偏见，很多父母把孩子害惨了。

我觉得作为父母不要老是叫孩子听话，而是应该和孩子说，要是长辈的话不对，可以不听。要给孩子多一点思考空间，即使孩子做错了，也应该鼓励他反思，而不是把一个所谓的标准答案告诉他，然后就叫他按照这个标准去做。

父母要培养孩子的主见，而不是让他盲从去听长辈的话。因此，要让孩子有主见的话，父母就应该少点干预，给孩子多点自由的空间。只有这样的话，孩子才能够慢慢地形成自己的思考和判断。

事实上，很多成功人士往往都不是一个听话的孩子。因此，所以孩子的不听话，虽然一时增加父母的管理成本，但是可能意味着这个孩子更有前途。当然，不听话的孩子不一定就成功，可是听话的孩子往往不怎么有前途。比如，我小时候认识的一些朋友，他们是很乖巧、很听话的那种，然而现在却没有什么出息。

因此，我觉得父母应该好好反思一下，不要以孩子听话而自豪。其实，这种想法是很危险的。

第二节
如何让孩子更自信

让自己的孩子能够自信起来，这是很多父母的心愿。有一些父母觉得自己的孩子不够自信，从而让自己感到心烦。要培养孩子的信心，让他更自信，这需要父母在教育孩子时有一套正确的做法。

实际上，有的父母一边骂孩子不够自信，一边却在打击孩子的信心。有时，父母的话可能无意中打击到孩子的信心，父母本身却不觉得，甚至还经常说。

很多时候，父母抱怨自己的孩子缺乏信心，却不知道这个制造者正是自己。因此，在这个问题上，父母应该多一些反思。真的，要放下面子去思考，自己到底做错了什么？只有懂得反思，才能解决问题。

其实，培养孩子的信心，并不是很难的事情，关键是取决于父母的做法。对于父母来说，到底怎么办，应该怎么做？有什么秘方吗？本节就带你去寻找秘方，从而让你找到让孩子更自信的方法。

不要打击孩子的信心

很多家长在教育孩子时，说话方式并不是很妥当，往往无意之中打击了孩子的信心。对于一个人来说，信心不是一时激情，而是长期坚持下来的信仰。很多时候，有的家长抱怨自己的孩子缺乏信心，但是却不知道是自己抹杀了孩子的信心。

孩子年龄比较小，有一些天真的想法是很正常的。有的家长却看不惯孩子天真的想法，就在语言上打击孩子。实际上，有的孩子虽然有一些天真的想法，但是这些想法也有合理的成分。

有的家长担心孩子骄傲，所以经常打压孩子的傲气，但是无形之中也把他的自信心打掉了。有的家长不管孩子做什么事情，孩子还没有开始做，就给他泼冷水。要是孩子做错什么事情，就拼命骂他笨。如果孩子有什么远大的理想，就挖苦孩子，说别做白日梦了。当然，教孩子脚踏实地并不是一件坏事，但是老是打击孩子的信心，绝对是一件坏事。

可以说，中国多数家长都不同程度地在打击孩子的信心。有的孩子说，要去实现一个目标，但是家长却拿孩子过去的失败来说事，搞得他失败的阴影挥之不去。这样的话，搞得孩子再也没有勇气做什么事情了。

说实话，我的成才环境不太好。不管我做什么事情，长辈们都会打击我的信心。具体什么原因让他们对我产生偏见，我不太清楚。我几岁时，父亲就去世了。我父亲生前对我很好，从来都没有打击过我的信心。他非常宽容我那种奇怪的想法，所以我那时学了很多知识，包括一些经济学知识。但是我父亲去世了，我整个成长环境就恶化了。物质方面就不用说，但关键就是那种宽松思考的环境也就失去了。

在这多年以来，我都是在他们的打击下成长。后来，我在网上认识一位学长，他是1985年的县文科状元。他很欣赏我，并且一直鼓励我。在他的帮助下，我接触了经济学。就这样，我开始自学经济学。同时，我在网上发表一些经济学文章。随着我的水平不断提高，一些网站编辑邀请我开博客，这包括网易、搜狐、凤凰等。我的信心就慢慢地建立起来，至今我在国内知名报刊发表了很多文章，也出版书籍等。

要不是我遇到这位学长，或许我就不会有今天。其实，对于很多智商普通的孩子来说，只要鼓励他们的方法正确，再加上运气好一些，他们都可以大有作为。要让孩子成才，最关键的并不是物质条件，而是给他一套好的软环境。

有时候，家长因自己的面子问题，或者为了证明自己说过的话是对的，从而打击孩子的信心。这种情况，确实存在，只是我们观察得不够细致。比如，我某个亲戚打击我，说人家是研究生、博士或者名校毕业出来，水平肯定比我厉害。同时，还说要是我不服气的话，就考一个给我看。如果我写批评政府的一些政策时，就说政府里这么多专家，水平就比我还要差。还有一次，我有一篇文章批评独生子女政策，就大骂我思想反动。他说政府独生子女政策就是好，减轻了大家的负担，让大家物质条件更好了。

对于家长来说，要做到不打击孩子的信心，并不是件容易的事情。我某位亲戚，要是他的孩子的想法和他不同，不知道他是否会打击自己孩子的信心。我那些亲戚，“左派”居多，自然没有什么话可说。我看到另外一个亲戚，她整天骂自己的孩子笨，处处都打击孩子的信心，所以她的孩子至今还是那么笨。

其实，不管自己的孩子智商如何，都不要老是打击孩子的信心，这相当不好。一切顺其自然，多给孩子点鼓励，或许孩子更容易成长。

要培养孩子的财商

所谓的财商，就是理财的能力。要让自己过上理想的生活，往往离不开金钱的帮助。金钱的重要性，我们就不在这里讨论了，但是如何学会理财，用最少的钱办更多的事情，同时也实现财产增值过程，这是非常有必要的。

很多人并不懂得聪明地去花钱，也不会让自己辛苦赚来的钱保值而进行投资。钱是辛苦赚回来的，但是不能让它白白地贬值掉。理财并不是说不要花钱，而是把钱花在对的地方。《亲子财商训练第一书》这本书说道："那些不会花钱的人经常会犯的毛病就是：平常总是大把大把地花钱，关键的时候却捉襟见肘，四处告贷；还有另外一些人，他们总是莫名其妙地担心攥在自己手里的钱有一天会不翼而飞，终日患得患失；当然，也不乏这样一些人：他们常常做一些看上去很美的投资项目，到头来却总是血本无归。"

很多时候，家长并没有重视孩子的财商，更没有意识培养孩子的理财能力。很多家长都觉得理财这个事情，还不是时候，主要把学习搞好就可以了。有的家长甚至还认为，要是孩子过早沉迷在理财方面，肯定会对学习成绩有影响。

一些经济条件好的家庭，家长都是尽量在物质上满足孩子。因此，这些孩子觉得钱得来是很容易的，更加没有理财的观念。很多人从小都没有理财意识，所以长大之后仍然是乱花钱。有一些80后，年收入几十万，但是一样觉得钱不够花。很多时候，他们都是在乱花钱，花了很多不该花的钱。

《亲子财商训练第一书》这本书说道："如果我们在攒钱和花钱方面的经验丰富一些，不必交出高额的学费就知道怎么聪明地花钱，那么我们的生活会比现在好很多，如果我们通过财商教育，让孩子从小就学会聪明地打理钱财，那么，孩子会因此而得到一笔无法估量的财富，作为家长也会大大地受益其中。”我非常同意这个观点，只是很多家长对这个问题不够重视，甚至连自己都没有理财能力。

其实，每个人从小都要学一些理财知识，培养自己的财商。在这里，我要强调一点，很多人在理财过程中仅仅看到单纯的“货币”成本，却忽略时间的成本。理财时，一定把时间成本考虑进来，否则就是在做亏本生意。

因此，培养孩子的财商是非常重要的。当然，教给孩子一些理财知识，并不是期望他以后能够做一个富人，而是让他生活得更好一些，减少一些不必要的金钱损失。

你的孩子是否聪明

一群小孩在路上玩耍，见到一棵李子树结满鲜红的李子。这树显然是没有主人的，于是孩子们争先恐后地去采李子。其中一个聪明的孩子懒得动，就说：“如果李子可口的话，怎么还会留在树上呢？”这个孩子的分析是合理的，是正确的经济学。

要是没有主人的李子真的新鲜可口的话，那么每个人都会想办法去摘免费的李子，必然引起竞争。他们会争先恐后，以武力或者其他方式去获取更多的李子，从而付出某种代价，这可能包括头破血流等。因此，他们要想获取所谓的免费李子，必然付出与李子价值等同的代价。也就是说，只要李子的价值大于获取它的代价，人们便会蜂拥而至，直至达到均衡状态。

所谓的免费品，是不需要付出货币代价就可以获得，但是并不等于零代价的物品。小时候，我到外婆家里吃饭，可以说是免费的。可是我却发现免费饭菜是有代价的，因为我每次吃饭，外公总是要给我脸色看。说心里话，外公并不疼爱我这个外孙，同时，我也从他那里知道，不用花钱的东西，背后必定存在代价。

很多人渴望获得免费品，希望能够免费享受资源。如果李子树上的李子，人人都可以摘，李子就不可能留在树上。每个人都怕别人先摘走，所以都提前去摘，于是树上就不可能留下可口的李子。

如果一种资源没有产权上的限制，也就是说法律规定任何人都可以使用，那么就有两种可能。一是没有价值的产品，二是产品的价值被竞争者的代价抵消。因此，就会出现所谓的公地悲剧。尽管法律禁止捕获鲨鱼，并且政府通过各种手段加以保护，但是鲨鱼却要面临灭绝的危险。人们可以随意杀鸡，但是鸡却越来越多。前者可以禁止捕杀，为何会面临灭绝的危险？后者可以随意杀，为什么却越来越多？要解释这个现象，关键就是要从产权角度看问题。因为人类对鲨鱼没有产权，但是对鸡拥有产权。还是那句话，属于越多人的财产，得到的关注就越少。要是天下一切都为公，鸡恐怕也生存不下去。

我所佩服的经济学家张五常，听说他出门即使不带钱，也不用担心。因为他去任何地方，都有人想请他吃饭，甚至要跪求他。张五常教授之所以能够获得免费的午餐，那是一种租值的回报。毕竟，张五常教授是著名经济学家，能够和他共餐是一件很荣幸的事情。如果张五常是一个普通人，能有这么多人争先恐后请他吃饭吗？这个问题从租值角度来看就很容易解释了。

免费品一般是指不需要付出费用就可以得到的商品，或者非经济的物品。凡是不需要付出费用就可以得到的商品，一是从租值角度来解释，二是必然有其他竞争的代价。如果有一个富豪，他想送一些钱出去。这些钱到底送给谁？如果他送给自己的朋友，那么竞争规则就是以感情作为代价；如果他想送给美女，那么竞争规则就是以外貌作为代价；如果他想送给高考状元，那么竞争规则就是以考试分数作为代价。

无论从租值角度，还是其他竞争的代价来看，所谓的免费品只是改变竞争规则，否定了以私有产权作为约束的竞争规则。

尽管有很多种方式获取一份早餐，但是真正能够鼓励人们积极提供早餐的方法，就是以私产作为竞争规则。免费品并不是不需要代价了，而是代价将转换为非货币方式。人们获取物品的代价并没有改变，但是却阻碍生产。如果那些提供早餐的人们，没有得到相应的回报，就不会积极提供早餐。因此，改变游戏规则，就可能压抑人们生产的积极性。

经济学所说的“凡事都有代价”，这和物理学上说的“能量守恒”是一样的道理。能量不能消灭，只能发生转化或者转移。因此，即使取消了获取物品的货币代价，这些代价也不会消失，而会转移到非货币那里。

不要剥夺孩子自由思考的权利

很多时候，家长都觉得孩子胡思乱想是一件坏事，总是想尽一切方法去阻止。如果孩子的想法不符合所谓的常理，有的家长就会担心，从而怀疑自己的孩子是否有问题了。要是孩子的想法和常规不一样，很多家长都是用一种很肯定的语气告诉孩子，这种想法是错误的，不可以想这些问题。就这样，孩子自由思考的权利一步步被抹杀了，导致也失去了个人的主见。

不管是家庭教育还是学校教育，通常都是对自由思考的孩子进行排斥。这种教育理念下，听话的孩子往往是受欢迎的，有自己想法的孩子往往受到排斥。比如，爱因斯坦读中学时，学习成绩一般，但是经常问老师一些奇怪的问题，有时也把老师难住，搞得老师很没面子。因此，学校里的老师并不喜欢爱因斯坦。后来，老师告状到校长那里，校长就劝爱因斯坦退学，结果他竟也答应了。读大学时，爱因斯坦觉得老师上课时讲的内容没什么新意，枯燥无味，所以他就经常逃课。

据《文汇报》报道，“湖北省武汉市新洲区某小学六年级一班的学生，4月底春游时，老师布置一道以‘春天’为题的作文。全班61名学生中大多以‘春天好’为主题，赞美春天和风细雨、花红柳绿。唯有王聪同学认为‘春天并不好’：春天细菌繁殖旺盛，夏季蚊虫都在这时滋生；春天易流行感冒；春天雨水淅淅沥沥下个不停，很烦人，像个爱哭的小姑娘总也止不住；冷热不均，忽冷忽热……在作文讲评课上，老师说：“有同学在作文中写春天不好，是不听老师讲解，胡思乱想，跑了题的结果，‘说春天不好是动错了脑筋’”。

实际上，这位学生写的春天并不好，是完全有根据的。只是人们脑海里形成一种根深蒂固的意识，春天一切就是好的，是不可以质疑的，所以绝对不可以出现相反的论调。这位学生写了相反的论调，就认为他是不听老师讲解而造成，却没有分析他写的内容是否对。客观来说，春天也有很多不好的地方，这位学生发现了这些问题，却没有得到老师的承认。

长期以来，家长往往都觉得孩子胡思乱想是非常危险的，甚至担心误入歧途。尽管孩子有些想法看来是异想天开，但是仔细发现却是有道理的。其实，人类对这个世界的认识是非常有限的，懂得的东西是极少的。因此，家长在教育孩子时，要怀着一种学习的心态，而不是觉得什么都懂了，从而否定孩子的想法。

很多家长把自己认为是正确的知识灌输给孩子时，事实上可能这些知识多数都是错误的，只是自己不知道而已。家长教育孩子时，通常都把成功人物描述得小时候刻苦学习，在学校里听老师的话，受到老师的欢迎。其实，真相并不是这样的，他们往往不受到老师的欢迎，并且还经常逃课。比如，一些杰出经济学家，有不少在学生时代也是喜欢逃课的。当代最杰出华人经济学家张五常，他经常逃课，小学一年级留级了两次。张五常读小学时，老师上课时说盖一座房子，一个人盖需要10天，两个人需要5天，那么10个人需要多少天？当时，老师提问张五常，张五常知道老师那个答案是一天，可是他却说不知道。结果他被老师骂智力有问题，说从来没见过这么愚蠢的学生。张五常后来在文章中写道，如果说10个人盖的话，只需要一天，那么一万人来盖，是不是只需要几十秒？他的答案是，要是一万人来盖，一亿年也盖不好。当年，他之所以回答不知道，是他考虑到经济学上的边际效用递减原理。

很多时候，有一些家长以高傲姿态否定孩子所谓的自由思考。有的知识，人们往往认为这是正确的，实际未必一定就是对的。比如，秦到清这两千年，人家说是封建社会，自己也跟着说是封建社会，却没有自己的思考。对于这个问题，我就不在这里展开讨论了。只是想说，很多东西未必一定是对的。再举例说地心学的观点，很长时间都被认为是对的。

其实，很多孩子的成才之路都是被家长毁掉的，只是很多家长不知道而已。如果家长能够做到尊重孩子的自由思考，多点包容孩子一些奇怪的想法，我觉得对孩子是有利的。因此，家长不要剥夺孩子自由思考的权利。

要培养孩子阅读的兴趣

获得知识的途径是非常多的，但是阅读是一种非常重要的途径。对于家长来说，培养孩子阅读的兴趣就显得很重要。如果一个人喜欢阅读，那么就有机会获取各种知识。如果孩子对周围事物产生兴趣的话，家长就应该把孩子这种兴趣引到阅读层面。

阅读本质就是为了获取信息，但是并不代表书本的东西就是对的。毕竟，书也是普通人写出来，看问题永远都有局限。我们在课堂上获得知识，在书本上获得知识，这两者区别并非是内容，而是获取知识的辅助工具不同而已。阅读可以让我们知道这个问题，别人是怎样说的。

如果一个人不读书，就不能很有效获取知识。比如，某些法律知识，我们不可能一条一条去问人家，而是自己看书，这包括电子书籍。因此，要是孩子能够从小就爱上阅读，那么他获取的各种知识就会比别人多，成功的机会也就会大一些。

当然，读书并非为了读而读，而是为了思考而读。很多家长通常只是在意孩子是否喜欢看书，却忽略了孩子看书过程中是否思考了。《论语·为政》——子曰："学而不思则罔，思而不学则殆。" 西方的哲人康德说过："感性无知性则盲，知性无感性则空。"只重于学习而不注重思考，就有可能遭到蒙蔽而陷于迷惑；只重思考而不注重学习，就有可能因误入歧途而招致疲乏及危险。这就是孔子的观点，我是非常认同的。

关于读书的方法，张五常的观点就是书要分三读。他认为："第一读是快读，读大意，但求知道所读的一章究竟是关于什么问题。快读就是翻书，跳读，读字而不读全句，务求得到一个大概的印象。翻得惯了，速度可以快得惊人。读大意，快翻两三次的效果要比不快不慢地翻一次好。第二读是慢读，读细节，务求明白内容。在这第二读中，不明白的地方可用铅笔在页旁做问号，但其他底线或记号却不用。第三读是选读，读重点。强调记号是要到这最后一关才加上去的，因为哪一点是重点要在细读后才能选出来。而需要先经两读的主要原因，就是若没有经过一快一慢，选重点很容易会选错了。"

要培养孩子阅读的兴趣，环境也是一个重要因素。有的家庭，一本书都没有，怎样去培养孩子爱上阅读？因此，家里要收藏一些书籍，特别要买一些孩子喜欢的书籍。课外阅读很重要，不能观念上认为孩子是在看闲书。平时有空的话，就多带孩子到书店逛一下。同时，还要正确教育孩子读书的意义。我们应该让孩子认识到，读书不是为了看不起别人，而是发现自己的无知。

一本著作，有些人阅读了，却没什么收获；但有些人阅读了，收获很大。虽然有的人读了一辈子的书，却不懂得如何读书，拿到一本书就从头到尾读完，也不知道作者要表达什么。读书是一个思考的过程，只读而不思，那不叫读书。真正善于阅读的人，应该懂得在阅读中深入思考，要懂得思辨。通过读书去掌握知识点，这不是困难的事情。但是能够理解提出这种知识点的理论架构和理论逻辑思维却是一件不容易的事情，这也是每个读书人需要思考的问题。现在学生都给应试教育给教坏了，特别是那些学文科的，就知道背答案，拿高分，而没有思考书本知识之间的联系，更谈不上领略思想大师的伟大之处。如果我们只是获得知识营养，但没有消化，那么这种方式读书有什么意义？

因此，家长要让孩子学会正确读书，能够在读书过程中去领略思想的乐趣。要孩子在阅读过程中获取快乐，让孩子爱上阅读，我想这样更有利于孩子的成才。

不要拿人家孩子出来比较

很多父母都有这样的习惯，就是喜欢拿人家的孩子出来和自己的孩子进行比较。有的父母经常在说，看看人家孩子谁谁多么厉害。总之，什么优点都是人家孩子的，什么缺点都是自己家孩子的。

北京市一位高中生说道："我经常都不知道自己在想什么，也不知道自己想要什么？好像从记事起，我的爸爸妈妈就不断地拿别人和我比，尤其在每次开完家长会后。他们既然认为别人好，就让别人做他们的儿子好了。再说我不是不想学好，我也在努力，可为什么我的成绩他们都看不到呢？我甚至都不想再待在家里了，我讨厌任何人。为什么他们都不能了解我呢？"

有的父母，孩子考了全班第二，都要面临指责。这种父母不仅没有肯定孩子的成绩，反而骂孩子，人家都可以考全班第一，为何你不能？要知道第一名只有一个，除非是并列。很多时候，父母并没有站在孩子的角度去思考，而是完全只顾自己的感受。比如，有父母说道："我们做父母的为了什么？舍不得吃舍不得穿的，可他就不给我们争气。你看，我那老姐儿们的孩子，比他还小一岁，学习从来就没让家长操过心！我横看竖看，我们孩子不比别人差到哪儿啊？别人行，他为什么不行？"

读高中时，有一位亲戚和我说，做错的题目，一定要全部弄懂，下次不准再错了。我和她说，不可能全部能够弄懂。后来，她就指责了我。说实话，如果是比较简单的题目，这次做错了，可能就不会再错了，但是有的题目很难，这次做错，下次继续做错，那是很正常的。对成绩处于中等或者偏上水平的人来说，根本就没有必要把特别难的题目弄懂，可能花了大量时间也弄不懂。可是有的人就会说，你看看人家都能够弄懂，为何你不会？

有一些父母要求自己的孩子时，却是双重标准。有一位父亲，要求他的儿子一年赚100万元或者当市长、省长，否则就是给他丢面子。可是他从来都没有想过，首先自己一年能够赚多少钱，再去要求别人都不迟吧。有一些父母人生很失败，所以他们特别渴望成功，但是却没有这个本事，那么就把希望寄托在子女身上。也就是说，自己的虚荣心实现不了，然后就寄托给孩子来帮助自己实现。

有的人不仅喜欢拿出来比较，还喜欢在比较中加以诋毁。比如，我有一些亲戚就是喜欢拿我弟弟和我进行比较，一边把我弟弟说得特别好，一边把我说得一文不值。当时，她还说了一句很过分的话，叫我不要去学校找我弟弟，给人家知道他有这样的哥哥，到时给他丢面子，把他害了。说真的，不知道她是故意诋毁我，还是挑拨我和弟弟的关系？当时，考虑到不想影响我和弟弟的关系，所以我没有反驳。

我这位亲戚喜欢拿别人出来比较，但是忘记拿自己出来比较。她自己活了一把年纪，却连最基本的做人的道理都不懂，还喜欢说别人不是。有一次，我的看法和她不同。她不是以理服人，而是搞起人身攻击。另外，我有一位姓王的亲戚，也喜欢拿我和别人进行比较。看看谁谁又赚了多少钱，看看谁谁又娶到有钱老婆，看看谁谁又买房了。

相对来说，我母亲在这方面做得比较好。不管子女是否有出息，她也不会把我们拿出来比较。她不会要求我们一定要怎样，相反却是不管。当年，我弟弟考上国内一所名校。我母亲却是很低调处理，反而我那些亲戚利用我弟弟来满足他们的虚荣心。我母亲的看法，不要和别人比较，自己活得开心就行了。

实际上，有一些父母觉得孩子要是考不上名牌大学，将来就找不到好工作，到时怎么办？因此，他们就拼命给孩子施压，不断拿孩子出来跟别人比较。有比较才会进步，这句话本身没有错，但是孩子也有拒绝进步的权利。

年薪10万元却让父亲觉得丢人

虽然不能说年薪10万元是很高的收入，但是这个数字确实让很多人羡慕。对于很多人来说，要是有这个收入的一半，都不知道多么开心了。所谓的人心不足蛇吞象，就是有一位父亲觉得儿子年薪只有10万元，所以儿子给他丢面子。

北京大学未名BBS的匿名板块上，有一个题目为“你们的父母也这么想吗”的帖子。该帖说道：“本人，今年小硕毕业，找了份起薪8000多元/月、年底会有些奖金的工作。未来会有些许上升空间。算是比上不足比下有余，本来对物质没有太多期望。但是我爸爸早就在亲戚面前夸下海口，大约是我每年赚上百万毫无压力之类……知道我的offer状况之后，更是对我恶语相加，认为我给他丢了脸……打了好多电话骚扰我……他还说北大的学生应该去当市长、省长……”

实际上，总有一些人觉得北大、清华等名校毕业出来，前途肯定是无量。他们把北大、清华等名校想象得过于美好，但是实际上只是自己的无知而已。他的儿子刚毕业，就拿到8000元一个月，这是相当不错的。可是他却不知道天高地厚，说自己的孩子应该每年赚钱上百万元，甚至要去当市长、省长。

教育学者熊丙奇说道：“其实不仅仅是北大、清华，其他学校的毕业生也有如此遭遇。名校情结顺带提高了家长对子女就业的期望，当现实不尽如人意的时候，就会产生一种落差。如果大家认为上名校的目的就是升官发财，会导致对自身定位的错误，对教育的期望也会发生错误。”

有的网友说道：“现在很多人由于人生不得意，把一切都压在孩子身上。你都不行，非要娃娃怎样怎样？看看那些给娃娃报好几个所谓特长班啊，兴趣班啊！我可以很负责地说这样培养的娃娃99%都是生活不能自理的废物！”这位网友说得很有道理，确实有很多父母把自己完成不了的梦想，寄托给子女来实现。自己人生很失败，所以就希望子女争气一点，让子女成为他炫耀的工具。

实际上，中国有很多父母都喜欢做子女的支配者。他们把注意力都放在孩子的学业、工作、婚姻上，给孩子设定自身所憧憬的道路、目标。因此，父母就是这么一句话，“我是为你好”。比如，儿子对父母说，从小到大，无论我做什么，只要不是按照你的想法去做，都是错的。父母回答却是很简单，就是为你好。

本来，年薪10万元是一个不错的收入，但是这位父亲却觉得很丢面子。事实上，即使年薪只有1万元，只要是通过合法劳动得来的，一样都不会丢面子。真正丢面子的就是，父母为了自己的虚荣而指责孩子，这才是丢面子的事情。

小 结

要让孩子更自信，就是做到不要打击孩子的信心。我们经常看到父母打击孩子的信心，这有父母的面子问题，也有说者无心的时候，但是不管什么原因，这样都会对孩子产生负面影响。关于这点，很多父母都没有意识到。

每个人都有自己的情绪，这是可以理解的，但是绝对不能有了这种情绪，就打击到孩子的信心。有的父母，偏偏要在孩子心中建立威信，从而打击孩子的士气。讨论问题时，有的父母就觉得在孩子面前认错，那是没面子的事情，所以一定要辩赢为止。

即使孩子很笨，也不要骂他，而是要不断鼓励他。尽管鼓励不一定让孩子变得很聪明，起码不会像以前那么笨。孩子的信心，是需要长期积累，而不是一时打气，或者喊口号。如果一个人经常大声喊："我自信，我成功。"事实上，可能是他底气不足，嘘声一片而已。真正自信的人，是来自内心的信仰，能够坚定自己的看法。

因此，我觉得父母应该学会培养孩子的信心，让他内心世界里形成一种坚定的信仰。这种自信才是有底气的，才不会被击倒。

第三节
如何让孩子更勇敢

有一些孩子，胆子很小，什么事情都怕。因此，如何让自己的孩子能够勇敢起来，这是父母的心愿。实际上，造成孩子胆小的因素有很多，但是如果父母能够给孩子积极的引导，就可以从很大程度上解决问题。

父母对孩子的欺骗，也会造成孩子胆子变小。有的父母，担心孩子不肯打针，从而采取欺骗的手段。比如，他们会对孩子说，打针一点都不疼，但是结果孩子相信，上当了。这样的话，孩子心理上就有阴影，产生一种不信任感。因此，孩子胆子就变得小起来，尤其面对不确定因素时，更多是选择保守的做法。

如何让孩子能够勇敢起来，这是很多父母的期待。当然，这个勇敢也不是说仅仅不害怕而已，而是敢于思考，敢于接受挑战。因此，这一节就和你一起来探讨让孩子勇敢起来的因素。

从孩子害怕打针说起

很多孩子都害怕打针，这是让家长头疼的问题。孩子生病了，需要到医院打针时，这就是考验家长的时候。打针时，有一些孩子拼命大哭，然后家长就使劲按住孩子，搞得像一场生死之战。

有的家长担心孩子不肯打针，就哄骗孩子，说打针一点都不疼。就这样，孩子就相信了家长的话，以为打针是一点都不疼，结果就上当了。家长欺骗孩子，很容易给孩子造成心理上的阴影。长期下去的话，孩子就会对家长产生信任危机。

其实，孩子害怕打针是很正常的事情。作为家长不应该欺骗孩子，说打针一点都不疼，而是把打针真相告诉孩子。正确的做法就是告诉孩子，打针确实是疼的，但是也没有想象得那么疼痛，忍忍就没事了。让孩子在打针方面有了知情权，那么他就有了这个心理准备，自然也就不会产生了害怕的情绪。

家长哄骗孩子，一时让孩子同意接受打针，但是却牺牲了彼此间信任。这样下去，孩子以后就不会相信家长的话，哪怕家长没有欺骗孩子。家长一时的失信，就可能带来一系列的麻烦。

当然，并非所有家长都欺骗孩子说打针一点都不疼。有的家长做得很好，值得很多人学习。有一位妈妈怕孩子不肯打针，就对孩子说："明天上午妈妈要带你去打预防针，打了预防针就不生病了。笑笑是一个勇敢的孩子，明天打预防针的时候不哭，很勇敢，对不对？"就这样，她不断鼓励孩子，结果孩子就真的很勇敢去打针了。

同时，这位妈妈还说道："经常会有一些家长，采用哄骗、威吓、强制的手段让孩子打针。针扎到那些孩子的身上，好像比别人多痛多少倍似的。家长的做法不但放大了孩子的痛苦，也没有教会孩子在遇到困难时勇敢面对。”

《好妈妈胜过好老师》一书说道：“儿童的忍耐力其实是惊人的，只要不吓着他们，给出一个合适的心理预期，他们多半能够接受一些似乎很困难的事情。”因此，打针这点疼痛完全是孩子能够接受的，关键就是家长要正确引导。

欺骗孩子打针的家长，就等于把自己的信誉砸掉了。因此，通过欺骗的手段不可能是长久之计。其实，不论是打针这些小事情，还是其他的事情，家长都应该好好珍惜个人声誉。哄骗孩子，虽然一时可以帮助孩子解决病魔，但是却留下隐患。这样的话，对孩子的成长也是非常不利的。

其实，不管什么事情，家长都应该如实告诉孩子。本来，打针是一件很小的事情，但是一旦家长欺骗了孩子，也会产生很多问题。因此，掩盖事实和欺骗，将会导致问题更严重。

要不要给孩子约会网友?

很多父母都禁止孩子约会网友，从而担心发生各种问题。有一位13岁的少年偷父母5万元约会女网友，3天挥霍2万多元。如果孩子年龄太小，不让孩子约会网友，这个完全可以理解。要是孩子已经到了上大学的年龄，父母仍然管制着，却是不太好。

有的父母担心孩子上大学之后，对他控制力减弱了，害怕孩子去见网友。因此，列举了见网友的负面新闻，告诉孩子最好不要和网友见面。不可否认，如果选择不见网友，就不会产生约会网友的风险，但是并不等于没有损失。其实，很多时候我们只是看到显性部分的收益或者损失，却看不到隐性部分的收益或者损失。

任何时候，收益和风险都是并存的。要追求高收益，就必须承担高风险，反之就是低收益、低风险。把钱存入银行里，安全性比较高，但是收益很低；把钱投入股市，收益很高，但是风险也很高。道理很简单，世上没有免费的午餐，任何东西都需要付出代价。既然不愿意承担约会网友的风险，就不可能享有约会网友的好处。风险可以看成一种成本，也就是说，要享有这个收益，需要付出一定的代价。因此，值得思考的问题就是，这样的收益是否值得付出这个成本？

见网友而被欺骗的报道并不少见，这给了人们一些教训，但是我们并不能因此而拒绝和网友见面。这就好比不能因为有了交通事故，我们就拒绝开车出行。虽然汽车可能带来交通事故，但是汽车也可以提高人们出行的效率。原始社会里没有汽车，也不会发生交通事故，但是人们的活动范围也很狭小，效率也很低。

实际上，任何东西都是有利有弊的，关键是如何取舍。见网友是有一定的风险，但是也会带来很多意想不到的收获。网络让人们的活动范围得到扩大，突破空间的限制。通过网络，你可以认识各种朋友，这些朋友会成为你重要的人脉资源。

经济学是研究选择的学问，任何选择都和成本有关。要不要约会网友，应该先判断约会网友的成本。如果感觉对方可靠，并且见面成本也不高，再加上两个人有共同的话题，就应该选择见面。

不管是约会网友，还是做别的事情，我们都应该从多个角度看问题。经济学就是让我们学会从客观立场看问题，而不是煽情。因此，我觉得父母不能仅仅看到风险的方面，就把收益的方面也抹杀了。

孩子是否有权利批评父母？

父母也是普通人，也会犯各种错误。既然做错了，就应该接受别人的批评。很多父母也会接受别人的批评，但如果这个批评者是自己孩子的话，往往就无法接受。要是孩子指出父母的缺点，他就会教训孩子，说还轮不到你这个东西说三道四。

很多时候，孩子对父母提出批评，往往会受到社会的指责。整个主流文化并没有认真思考，孩子提出的批评是否客观、是否真实，而是对孩子批评的行为不能接受。很多人都认为即使父母做错了，孩子也没有资格批评，否则就是大逆不道。因此，孩子只能默默地忍受父母的错误行为。

就这样，父母和孩子之间就无法平等。孩子的话语权就被剥夺了，所以只能无条件服从。父母在孩子面前，权力就是无法无天，反正孩子对父母一点约束都没有。父母做错了，不要说接受什么惩罚，就连孩子可怜的批评权利都被剥夺了。

说真的，并不是所有的父母都是尽责的，即使尽责的父母，偶尔也会犯错。面对父母的错误，孩子提出批评意见，是很正常的。在孩子眼里，父母就是一个统治者。要是孩子和父母对着干，下场肯定不好。实际上，中国多数父母并不开明，身上有很多专制思想。因此，孩子面对中国父母，这就好比公民面对一个专制统治者。孩子并不能平等地和父母对话，更不能提出批评，否则一定遭遇到抹杀。

父母对孩子的爱，这是不可否认的，但是这份爱却包含强制的成分。事实上，中国很多父母对孩子的这份爱，并不是建立在自由的基础上，而是有一点强迫的性质。孩子并不能和父母讨价还价，而是只能谢恩。很多时候，孩子的自由也是父母给予，不想给的话，孩子就会失去一切的自由。

既然父母可以批评孩子，那么为何孩子就不可以批评父母？难道父母是全知的上帝，什么错误都不会犯？剥夺孩子批评父母的权利，这是一个独裁者的行为，也是专制思想的作风。有时，父母做事情出现了很明显的错误，也不准孩子提出异议。

孩子是否有权利批评父母？这不仅是一个家庭教育问题，也是一个社会进步的标志。很多人都高呼批评政府的权利被剥夺了，却从来都没有思考过，自己一样剥夺了孩子批评父母的权利。

给孩子批评父母的权利，这有利于孩子的成长。同时，父母接受孩子的批评，这也有利于个人的进步。因此，做父母的应该给孩子批评的权利，这也有利于家庭教育的开展。

孩子碰壁并不是坏事

中国很多家长都很担心孩子碰壁，所以往往剥夺孩子尝试的机会。很多时候，家长都不给孩子尝试的机会。他们往往喜欢以过来人的姿态去说话，从而阻挠孩子做出尝试。很多家长都警告孩子，说这样做肯定是失败的，所以就不能这样做。

实际上，所谓的避免孩子碰壁，很多时候只是家长的主观判断而已。他们总是觉得孩子这样做的话，肯定会走很多弯路，所以就想方设法禁止孩子这个选择。可以说，中国的家长喜欢打压孩子的创造能力。

一位叫作捣蛋大兵的网友说："西方家长'鼓励创新'，而中国家长往往'满足于克隆'，前者鼓励孩子去超越前人，后者教导孩子在前人面前止步。西方家长相信孩子具有同成人一样的独立研究、独立动手的能力，能以宽容的心态去营造一个利于培养孩子创造力的环境和氛围。他们对孩子所做的种种探索行为往往持积极、肯定的态度，鼓励孩子在生活中提出不同的见解，并对其中的疑问进行积极的探索。即使家长认为孩子的某一行为并不具有积极的效果，他们也不会过多地干涉，而是让孩子在自己进行的探索中逐渐认识到自己的问题，并予以纠正。中国家长对孩子的探索活动大部分是持否定态度的。他们往往把孩子自己进行的'探索活动'视作'胡闹'而加以制止。例如美国孩子拆了家里的闹钟，若能装回，多数家长会称赞孩子，若是装不回，许多家长会与孩子一道把闹钟装上，甚至鼓励孩子再拆、重装一次。但中国孩子若拆了家里的闹钟，就算自己能装回，恐怕也没几个敢告诉家长的。孩子往往在家长的严格管教下被熄灭了创造性的火花。"

不管是孩子动手方面，还是各种事情的尝试，中国家长多数都持否定态度。很多时候，家长都会教育孩子，一定要听话，不可以乱来。如果孩子做什么事情不和家长商量，就会面临各种指责。即使事情办得顺利，这种指责顶多就是少点而已。

其实，对于成长期间的孩子来说，碰壁并不是件坏事。很多事情，都是需要经过实践了，才知道该怎样做。要是什么事情都是家长指好给孩子，那么孩子就不可能真正地实践。对于一个人来说，碰壁越早，越是好事。任何人的一生中都不可能一帆风顺，碰壁是不可能避免的。如果家长刻意帮助孩子回避了一些挫折，那么将来会面对更大的挫折。

有的大学生觉得这个社会很复杂，担心自己受骗，从而不敢去接触社会上的人。实际上，这种做法不但无法解决问题，而且是在回避问题，延长碰壁时间而已。确实这个社会很复杂，有各种陷阱，但是我们必须要接触它。道理也是一样的，很多事情本来要让孩子去接触，而不是担心他碰壁而不让他接触。

孩子在成长之中碰壁，表面看起来是一种失败的教训，实际上是一个不断学习知识的过程。只有碰壁了，孩子才有更大的决心去纠正错误，同时也能做到深刻地学习。因此，孩子碰壁并不是坏事。

挫折教育并非坏事

物质条件越来越好，很多孩子都是在万千宠爱中长大。因为环境太好的缘故，所以很多孩子就养成了任性、脆弱、自我、依赖性强、独立性差等缺点。现在，很多家长都是过分疼爱自己的孩子，一点风雨都不让孩子经历。

实际上，要是家长刻意不让孩子经历挫折教育，这就等于把孩子害了。没有经历挫折的孩子，就像温室里的花朵，经不起风雨。因此，有关专家认为：“经历挫折才能得到幸福。让孩子面对困难能够保持一个乐观、积极的人生态度，对孩子来讲非常重要。不要让孩子感觉吃苦就是不幸福。其实，逆境更能锻炼人，只有在走出了逆境之后，他们才能真正体会到什么是幸福。因为幸福可能是在克服困难之后才获得的精神愉悦。挫折教育有利于孩子的成长。当孩子们的要求遭到拒绝时他们的反应：哭得那么委屈，甚至乱发脾气。这些挫折让他明白：哪怕是最亲的人，也不能满足他所有的要求。”

事实上，我们的人生不可能一帆风顺，挫折在所难免。因此，孩子遇到挫折时，就让他去承受这个挫折，而不是家长刻意去帮助孩子逃避。如果对孩子过度地溺爱，什么事情都替孩子做了，那么就导致他养成娇弱的弱点。这样的话，当他有一天真正遇到什么挫折时，就不知道如何去承受。

当然，所谓的挫折教育并非人为给孩子设置障碍，而是家长不要过分保护孩子。很多时候，家长总是想方设法把孩子的困难解决了，从而让孩子感觉不到挫折的存在。其实，父母给孩子开路，绝对不是好事。这样的话，就造成孩子天生的依赖，问题积累越来越多。

如果家长不让孩子接受挫折，什么挫折都不让孩子碰，当有一天遭遇大的挫折，家长无法给孩子埋单时，孩子将会受到很大打击。因此，遇到小挫折，对孩子来说绝对是好事。比如，有人说道：“孩子拿不到他想要的物品，家长不要马上拿给他，而要让孩子动脑筋，想想怎样才能拿到物品。”

可以说，挫折教育对孩子成长是非常重要的。如何进行挫折教育？教育专家给出的答案就是：“有的孩子在逆境中易产生消极反应，往往会垂头丧气，采取退避的方式。要改变这种现象，就必须在孩子遇到困难时，教育孩子要采取正确的态度，勇敢面对，向困难发起挑战。例如，当孩子登山怕高、怕摔跤时，我们就应该鼓励孩子说：‘别怕，你行的！摔一跤算什么？ 你真勇敢！’”然而事实上，有的家长却不懂对孩子进行挫折教育，经常骂孩子，太没用了。

因此，挫折教育并非坏事，这对孩子成长是有利的。古人说：“自古雄才多磨难，从来纨绔少伟男。”不经历风雨怎能见彩虹？我想这个道理不难理解。

小　结

很多时候，父母都希望自己的孩子能够勇敢起来。毕竟，勇敢的孩子能够在人生道路上更有机会取得成功。不过，要让孩子勇敢的话，就让他接受生活的磨炼。当然，这种过程也需要父母的鼓励。

不管怎么说，父母一定要把真实信息告诉孩子，否则就不能对孩子做到正面引导。比如，有专家说道：“例如，当孩子登山怕高、怕摔跤时，我们就应该鼓励孩子说：‘别怕，你行的！摔一跤算什么？你真勇敢！’”这就是对孩子的一种鼓励，而不是骂孩子真没用。

只有让孩子经历挫折和失败，孩子才会变得勇敢起来。孩子害怕打针时，就要鼓励孩子不要害怕，而不是欺骗他，打针不疼。因此，只有在正确方法的引导下，才有可能培养孩子坚强和勇敢的品质。

要给孩子锻炼的机会，而不是让孩子成为温室里的花朵。只有这样，孩子才能够勇敢起来。道理很简单，不经历风雨怎能见彩虹?

第四节

培养孩子的外向性格

人与人之间，需要沟通，善于沟通的人往往能够占有优势。很多父母都希望自己的孩子性格能够外向，从而让他们在这个社会竞争中，达到有利的局面。尽管父母有这种期待，可是实际上，对这个问题却不够重视，尤其在与孩子沟通方面。

我们都知道，沟通就是信息的一种交流，是给对方传播信息的一种媒介。有人说过，这个社会谁擅长沟通，谁占有的社会资源就更多。因此，培养孩子的外向性格，这样有利于孩子将来的人生。

对于父母来说，要让自己孩子的性格外向，那么需要做点什么？或许，很多父母心中有不少困惑。不过，这个没关系，本节就给你解决心中的困惑。

要培养孩子的沟通能力

所谓的沟通，通常指人与人之间、人与群体之间思想与感情的传递和反馈的过程。松下幸之助有句名言："企业管理过去是沟通，现在是沟通，未来还是沟通。"很多家长对孩子沟通能力的培养，往往不够重视。实际上，沟通能力往往对个人成功影响很大。

有人说："这个社会谁擅长沟通，谁占有的社会资源就更多，就容易赢得财富、地位、名望。富同学保持着较高的沟通效率，无论是对工作、对朋友、对家人，他们频繁交换彼此的信息和想法。穷同学则相反，说难听点，工作上擅长'忍气吞声'，和另一半发火时也只会冷战，让信息沟通为零。"其实，这个观点确实有道理，善于沟通就容易获取财富。不管计划经济还是市场经济，擅长沟通的人总是能获得各种机会，从而发挥自己的优势。

很多时候，家长都觉得孩子年龄还小，所以还没有必要学习沟通的知识。其实家长这种看法是错的，实际上越早学习沟通，对孩子的成才来说越是好事。因此，家长要积极培养孩子的沟通能力，发展孩子的沟通智商。这个社会，每时每刻都需要和别人沟通，所以具备沟通能力是很重要的。

沟通就是信息的一种交流，是给对方传播信息的一种媒介。因此，学会如何表达，能够让对方明白自己的意思，这是相当关键的。如果一个人善于沟通，就能获取很多信息，而这些信息就转化成为财富。从经济学的角度来看，擅长沟通有利于降低交易费用，降低双方交流的成本。有时，不会表达自己的思想，无法让对方领会到的话，这个交流成本就变得相当高。

家长要教会孩子主动说话，而不是害怕。很多孩子胆子很小，不敢和别人说话，尤其是面对陌生人，特别害怕。有的大学生，沟通能力是相当差。他面对陌生人时，不敢和别人说话，甚至内心产生恐惧。因此，家长一定要培养孩子的沟通能力，否则孩子长大成人之后，一样害怕和别人说话。

现代社会需要能言善辩的人才，这点家长需要意识到。事实上，不是读书好，懂得技术就可以了，同时还需要学会和别人交流。《正确培养孩子的沟通能力》这本书上说道："信息在社会各行各业中起着越来越大的作用。一项工作往往需要多人的共同合作，需要多个信息的综合作用，语言是最普遍、最方便，也是最直接的传递方式。语言能力强，双方就能顺利地沟通，信息也能顺利、准确地被对方接收、理解，从而达到交流的目的。反之，语言能力弱，信息就不能很好地被对方接收、理解，交流出现中断，甚至中止，交流目的也就不可能达到。"

随着社会的不断发展，尤其在市场经济的社会里，沟通能力变得越来越重要。因此，家长一定要重视孩子的沟通能力，培养沟通能力最好从孩童阶段开始，我想对孩子的成长非常有好处。

要学会和孩子做朋友

中国很多家长对待孩子，总是带有上级对下级的那种姿态。面对孩子时，他们喜欢树立长辈的权威，刻意去制造一种距离。很多家长并没有真正把孩子当作朋友，而是无处不在展现自己的权力。他们总是要求孩子无条件服从，而不是以朋友的方式进行沟通和交流。

有的家长说孩子一点都不听话，甚至故意和家长作对。可是很少有家长能够真正反思一下，孩子不听话的原因是什么，孩子要和自己过不去的原因又是什么？如果孩子和家长发生冲突时，道德的审判往往偏向家长，而不是正义一边。很多时候，孩子本身没有做错，却要接受惩罚。面对孩子的不听话，家长往往都不会从自身寻找原因，比如，是不是自己的话没有道理。其实，家长要让孩子听话，就必须让自己的话有道理，否则人家凭什么要听你的？

很多孩子都喜欢听朋友的话，却不喜欢听家长的话。孩子之所以喜欢听朋友的话，那是朋友能够尊重自己的想法，双方的地位都是平等的，交往过程中有一种契约精神。也就是说，要是你不尊重我的话，我可以选择不和你做朋友。孩子和朋友交往中体现了一种自由精神，但是家长却给孩子一种专制。孩子在朋友那里，个人意志得到体现，但是在家长那里却是服从。

事实上，很多家长都把孩子的很多权利剥夺了。通常情况下，家长都不把孩子当作一个真正的人。中国一些传统节日，亲朋好友都会串门做客，但是在就餐时，小孩往往不能和大人坐在一起就餐。有时，他们不会给孩子预留座位，而是叫他们拿着碗，站着吃饭。这事情看起来很小，但是对他们心灵的伤害是非常大的。

很多细节上，家长并没有真正平等对待孩子。孩子很难平等和家长进行交流，一旦孩子在交流过程中不听家长的话，家长立刻采取镇压手段。他们很少用朋友的心态和孩子交流，以真情去打动孩子。

家长和孩子出现代沟，这里有价值观念的差异，但是更多原因就是家长从来不把孩子当作朋友。如果孩子把自己的一些想法告诉家长，要是这些想法不符合家长的标准，那么家长就会采取责问的手段，甚至进行打压。

如果家长能够和孩子成为真正的朋友，那么很多问题就可以解决了。即使孩子不喜欢学习，但是他和家长成为朋友的话，那么就会考虑家长的感受，从而努力一点学习。毕竟，他心里还是有压力的。要是家长经常命令孩子做事情，即使孩子表面愿意顺从，但是内心还是很抗拒。这样的话，孩子就会变相和家长作对的。

学会和孩子做朋友，这也是一种交际能力。对于家长来说，关键是心态要摆正。如果处处都是高高在上，那么就很难和孩子做朋友。从经济学的角度来看，和孩子做朋友的管理成本远远低于权力暴力的管理成本。因此，要用市场逻辑和孩子相处。而不是权力逻辑。

父母要尊重孩子的言论自由

不可否认，有一些比较开明的父母，对于孩子的言论自由都给予尊重。事实上，还是有很多父母对孩子的言论自由给予打击，或者跟孩子发出不同的声音。有的孩子对一些事物发表看法时，还必须采用父母的通稿。

有的父母或者长辈，对孩子持有的不同观点，往往喜欢排斥。很多时候，他们不容许孩子发出不同的声音，所以必须保持高度一致。有的孩子，发现老师上课时讲错了，就会和父母说这个情况。可是有的父母听了之后，就破口骂孩子，说要是这么厉害的话，就不用去上学。同时，还说人家是老师，水平就不比你高？这种父母根本就没有耐心听取孩子的意见，是不是老师真的说错了？即使不是老师说错了，父母也应该尊重孩子这个言论自由，而不是加以讽刺。

有一些父母，比较喜欢孩子想法和自己一样，所以孩子的想法得不到自己的认可，就表现得很不开心。有的父母和孩子讨论问题，不是以理服人，而是恐吓孩子，想造反了？辩论不过孩子时，就耍起无赖来，说什么晚辈要尊重长辈之类的话。有的父母生气起来，干脆就来一句，这里轮不到你说话。

虽然我这个人不爱学习，但是从小学时开始就喜欢阅读报刊、杂志，同时也喜欢看电视新闻，尤其香港新闻。有时，我也会发表自己的看法，但是多数会遭遇那些长辈的讽刺。当时，我外公说过，要是香港这么好，就去香港生活吧。就读初中时，甚至更早时，我就对私有制有自己的看法。那个时代，没有网络，更没有机会看到张五常、薛兆丰等经济学家的文章，只是凭着自己的思考。我提出私有制更有利于生产力，并且从人性角度进行论证，主张私有化改革。此话一出，我遭遇到一群长辈的围攻，就像文革式对我批斗。那时，我是那么无助，那么痛苦，但是我始终坚持这个观点，直到今天。

我母亲是体制内的人，她深刻体会到各种不公，所以她后来认可我的观点。相对那帮亲戚来说，我母亲还是给予子女很大的自由。这些年以来，我遭遇毛左亲戚的迫害，可以说是够惨了。事实上，这种遭遇绝对不是我个案，而是普遍存在。本来，每个人都有言论自由，但是不能晚辈在长辈面前就被剥夺了。对于孩子来说，父母更应该保护他的言论自由，而不是破坏这种自由。

贝克教授说过："自愿地从事发言行为即从事自我定义或表达。一个反越战人士可能解释：当她在示威行动中反复地呼喊口号'立即停战'时，她这么做并没有期望她的言论会影响战争的持续。倒不如说她参加及呼喊口号吟诵是为公开地定义她自己对这场战争的反对。反战者提供了一个生动的例子来说明：用于自我表达的言论，不依赖于与他人的有效的交流、为自我成就及自我实现的重要性。"因此，贝克教授的话告诉我们，言论自由是个体自主性的体现。

如果作为父母，不能懂得容忍异类的观点，就不可能做到尊重孩子的言论自由。要是孩子连言论自由都没有，那么相关权利就很难得到保障。我有一个亲戚，是我母亲堂弟的儿子，年龄比我小一些，也是一个80后。本来，他智商不是很低，只是有点古怪。可是他的奶奶却是天天骂他傻，不管他说什么，都是骂他傻人话多。结果这个孩子，真的变傻了。小时候，我和他在一起玩，他的动手能力很强的，对电子技术很有兴趣。有一次，他买了马达，制造了玩具船，然后在有水的地方开来玩。这对一个几岁的孩子来说，我觉得是很难得的。可是他的奶奶不仅没有鼓励他发展优势，反而打击他，还在别人面前说这个孩子很傻。他的奶奶要是开明一点，给他一点言论自由，听一下他的想法，或许他的命运又是另外一种情况。

不要以为少数服从多数，就没有专制。比如，我那帮亲戚，就是多数人对一个无辜孩子的专制。可以说，我那个亲戚的命运，他奶奶以及母亲都有很大的责任。因此，给孩子言论自由，让孩子把自己的想法说出来，这绝对不是坏事。

“早恋”是老师投票出来的

凡是在中学阶段谈恋爱，都被定义为早恋，也不管你的年龄是多大，即使你达到婚育年龄，但是只要你还是就读中学的话，那么你就是早恋。凡是在恋爱的中学生一定是早恋，但是不谈恋爱的学生，也有可能被老师投票选上早恋学生行列。

道理很简单，假如你有一个比较好的异性朋友。你们两个人单独在一起的时候被老师发现，或者发现次数在两次以上，都有可能被定义为早恋。当然，那些老师也不是即捕即定罪，而是经过审判程序，只不过是那些老师总是这样的话，先假定这些学生是早恋的，然后找出证据。根据历史经验，凡是经过审判之后的学生，极少人会无罪的，基本都是判为早恋。

说起中学生的恋爱，基本都是被抹杀，甚至有的学校采取高压政策。总之一句话，做学生就是不能恋爱。作为老师，每当面临这句话的时候，难道不需要反思吗？不让学生谈恋爱，这个理由就是恋爱就会影响学习，但是这句话真正实践过吗？如果一个学生成绩差的话，那么他是否谈恋爱，他成绩都是差，但是如果他恋爱的话，那么他就可能成为早恋的反面的教材。客观来说，有些人因为恋爱而影响学习，也有些人恋爱对自己学习产生很大帮助，本来这个东西就是有利有弊的，但是那些老师以及一些媒体总是在夸大早恋的负面部分。任何科学的东西都应该在原因中去推论结果，而我们的老师却是喜欢假定结果出来，然后去找原因。

在网络上看到关于早恋的文章，它这样来比喻早恋不好。它说：“有一群人经过一个苹果园，每个人都有权利摘下一个苹果，但是只允许摘下一个，而且规定在行走的过程中不允许走回头路。有些人，刚一进苹果园，发现苹果树上的苹果又大又红，于是就匆忙摘下一个，但是当他们再往下走的时候发现后面的苹果更好，但是他们已经没有权利摘取了。有些人比较聪明，边走边观察，他们行走一段路程后，通过观察比较寻找到了他们认为最满意的苹果，然后摘下了它。而另外一些人，一路挑选下去，直到最后路程要结束的时候，才发现后来的苹果远不及前面的苹果，但是他们已经没有回头的机会了，于是他们只能无奈地摘下了一只最不满意的苹果，同学们听了这个故事后，你是愿意在什么时候摘下你的爱情的苹果呢？”

这个故事看来很有道理，其实是在胡扯，在这里我先引用一个网友的话：“凭什么只准摘一个？婚姻法有规定只准结一次婚吗？更何况现在只是谈恋爱，凭什么说中间的苹果一定是最好的？难道说前面和后面的苹果都是烂的？中间就没有烂苹果？”

哪个苹果最好吃，我们根本是不知道的，所以这个游戏就是一种博弈。尽管有时候，我们知道前面的苹果一定比后面的好吃，但是未必一定要摘，就是给你摘下来，但是如果你没有胃口吃的话，最终也会烂掉的。如果自已胃口好的时候，就是青苹果，酸酸的也觉得好吃。

当年，我初中母校有两对男女，上自修课的时间在学校运动场聊天，估计是在恋爱，仅仅是估计而已。学校领导发现之后，就开摩托车追赶捕抓，结果被抓住了。第二天，马上进行召开全校性的大会，进行大规模教育活动。最后的结局，我不清楚，但是根据学校以往发生的例子，多数被抓到的早恋学生基本都是退学、转学，即使留在本校继续读书的学生在精神上也要承受很大的压力。就是有的早恋学生相对幸运点，免去高调处理方式，但是每天面临老师的开导和无原则的纠缠，我想学习成绩如果不下降，那么才是不正常。

就中学生的恋爱来说，有些人是恋爱利益既得者，有些人反之不是。在沧浪者文章《“早恋”，究竟是谁的错？》中说道：“全国有多少例子是因为早恋而荒废学业的？这样的调查报告让我们一再触目惊心，警钟的响声还在我们的耳边响起，难道我们就能漠视这样的实例吗？”的确有很多例子是因为早恋而荒废学业的，但是也有很多对学习没有影响的例子，甚至对学习产生帮助，为何看不到另外一面？在认为早恋必然荒废学业的价值观念下，这样的调查报告还有多少客观？为何不去调查一些没有因为早恋而影响学习的学生？这种先入为主的思想，能够尊重事实吗？福柯的作品上曾经有几个例子，有一个人在让自己饿死的推理中就使用了三段论法：“死人是不吃东西的。我是一个死人，因此我不吃东西。”有一个患迫害妄想症的人使用从个别到一般的归纳法：“甲、乙和丙是我的敌人。他们都是人，因此凡是人就是我的敌人。”还有一个疯人使用省略三段论：“在这间房子里生活过的人大多已死了，我在这间房子里生活过，因此我是个死人。”

花过多精力去干预早恋，真的达到预期的效果了吗？根据我个人观察，早恋出现的负面东西，在很大程度上与干预有关。在传统观念上首先认为早恋是非常有害的，必须放弃，所以干预就应该很合理。正因为这样的观念存在，学生在情感上遇到问题不敢和老师交谈，从根本上得不到正确的引导，往往就走向情感不好的方面。如果学生与老师能够比较好地进行沟通，我想早恋影响学习的例子会少点。

真正的素质教育并非仅仅学习考试知识，其实学会把知识结合生活的意义更加重要。对于学生而言，不是为了学习而放弃恋爱，而恋爱本身也是一种学习，当然恋爱也有理论的学习和实践上的学习。作为学生，必须懂得用自己有限的理性来判断自己是否应该恋爱以及思考恋爱的机会成本和收益，当然也包括隐性的收益。

其实，很多中学生之间的感情，未必算是恋爱。就是恋爱也未必有那么严重，只是那些老师本身夸大而已。对于学生感情的干预，这本身就是对他人权利的一种挑战，也不是人文的关怀所追求的。

禁止“早恋”危害更大

早恋，按字面意思来理解，就是过早地恋爱。一般情况下，指的是未成年男女建立恋爱关系或者大学阶段以前的恋爱。很多人都对早恋持有一种否定的态度，甚至把早恋当作过街老鼠。其实很多人对早恋这个问题的讨论，容易陷入一种先入为主的观念，那就是武断地认为早恋有百害而无一利，然后想尽方法维护这个结论。

有些观点认为，早恋很难有结果的，也就是说两个人的爱情很难维持到婚姻；或者认为早恋就是青苹果，因此只有酸的，没有甜蜜。实际上，这些观点是无法站住脚的，并且是非常主观的。如果以能否走进婚姻来衡量恋爱的话，那么多数人初恋都是以分手而告终，那么是不是也不要初恋了。同时，所谓的青苹果，难道就无法品尝出甜蜜吗？

传统的看法就是，中学阶段要以学习为重，谈恋爱就会耽误学业，造成终身遗憾。这种观点却被很多实践否定了，有的人能够在中学阶段实现学业和爱情双丰收，这其中还有不少人考上北大、清华等名校。2011年北京高考状元、榜眼是一对恋人，更是颠覆了这种观点。

很多时候，老师和家长往往把“早恋”的危害无形中放大了，甚至做到赶尽杀绝。似乎给人的感觉就是，只要把“早恋”禁掉了，学生自然就会专心学习。从生理角度来看，高中生阶段情窦初开是一种很正常的现象。作为一个正常人，对异性产生的渴望是合情合理的。面对枯燥的高中生活，需求找一个知心异性倾诉，从而产生朦胧的恋情，这并不是一件坏事。要是盲目禁止这种感情，只能让他们内心产生压抑，甚至会导致抑郁症等精神疾病。

其实，感情这东西往往是无形的，并不能真正禁止的。也就是说，你可以禁止他们两个人彼此不来往，但是却禁止不了他们的感情。如果管得太严的话，或许就产生“台上交易”到“台下交易”，也就是说搞地下情。要知道，每个人都有抵触心理，所以禁止“早恋”可能容易导致更大的逆反心理。这东西和治理洪水的逻辑是一样的，强堵不如疏导。

尽管我反对“早恋影响学习”的观点，但是并不意味着就同意“早恋有助于学习”的观点。其实，早恋这个东西是中性的，可能对学习有帮助，也有可能对学习产生负面影响。如果某个家长看到人家早恋成为高考状元，就强制自己的子女早恋，这必然是相当有危害的。

如果我是一位中学老师，我不会禁止自己的学生早恋，更加不会提倡他们早恋，而是把这种选择权交给学生。我只会给他们提供更多信息，从而让他们看到早恋的收益和成本，甚至给他们做出财务报表。很多时候，家长和老师都是把自己当作上帝，把自己认为正确的东西强加给别人，从来没有一种理性的对话。

其实，禁止早恋并不是对学生的爱护，而是对他们的伤害。有些学生陷入爱情痛苦之中，他们需要的是一种安慰和帮助，而不是一种惩罚。因此，通过所谓的行政权力禁止早恋，只是最大程度上约束了这种早恋行为，但是却严重偏离社会福利最大化。禁止早恋，打击早恋学生，对他们的伤害是非常大的。但却没有引起人们的重视。

实际上，很多早恋学生的学习成绩下降，并不是早恋本身造成的，而是校方对他们的惩罚，曝光他们的恋情，对他们歧视导致的。有的学校，抓到早恋的学生，就组织全体学生开会，从而进行批斗，这就好比“文革”时期。

退一步来说，即使早恋是有害的，那么禁止早恋的危害就更大。其实，早恋并不是坏事，学习一些恋爱知识和能力，这对将来也是有帮助的。不管怎么说，早恋是有成本的，道理很简单，花一个晚上的时间在谈情说爱，那么这些时间就不能做别的事情。因此，要不要早恋，自己看着办。

父母不要诋毁孩子的朋友

有一些父母喜欢对孩子交友进行控制，所以什么孩子交什么朋友，都必须经过自己同意。实际上，他们并不能真正控制孩子的交友，而是出现失控。面对失控，很多父母都不甘心，于是想方设法诋毁孩子的朋友。

对于一些父母来说，孩子应该和什么样的人做朋友，他们都有一套标准。要是孩子不执行父母的规定，那么就会在口水战方面打击孩子。如果孩子的朋友得不到父母喜欢，那么父母就想尽办法去说孩子朋友的坏话，甚至人格上的诋毁。

很多时候，父母或者长辈都给孩子灌输一种观念，要和成绩好的同学交往。有的父母，得知自己的孩子和差生交往，就大发脾气，说和这种人来往，有前途吗？有的父母对差生存在严重偏见，甚至一票否定了。他们会和孩子说，这种人不想读书，学习这么差，一看就不是什么好人。要是和这种人继续交往，必然会走上犯罪道路。总之，他们越说越离谱，却不懂得尊重事实，更加不会考虑孩子的感受。

读小学时，不管长辈还是老师，都是教育我们要和读书成绩好的同学交往。他们的理论就是，所谓的“近朱者赤，近墨者黑”。同时，还给我们解释，接近好人可以使人变好，接近坏人可以使人变坏。其实，这个好人和坏人的标准，就是读书成绩好与差的区别。

不可否认，读书成绩差的学生之中，有的人品很差，但是也有很多为人很好。那个时候，老师就是喜欢读书好的学生，并且把成绩好的学生的缺点都说成优点。要是有人和读书差的同学在一起玩，就遭到老师的批评，尤其被老师拉进黑名单那种。有的孩子和读书差的同学做朋友，在校遭遇老师指责，回家又被父母骂一顿。有的孩子哭诉说，成绩好的同学不和他玩，恰好有一个成绩差的同学和他做朋友，父母那里又给他颜色。

有的父母对孩子的朋友看不顺眼，就说孩子认识了一帮狐朋狗友之类的话。这样的话，只能导致孩子和父母的关系紧张起来。如果爱自己的孩子，就应该懂得尊重孩子的朋友。毕竟，自己的孩子能够和他们成为朋友，这也是一种缘分。每个人品位不同，可能认识的朋友也不同，所以不要轻易说孩子朋友的不是。除非父母有有力的证据能够肯定孩子交往的朋友是盗窃抢劫之类的人，否则还是尊重孩子交友的自由为好。

要知道，这个世界上没有绝对的好人或者坏人，并且这个标准都是因人而异。有的人可能是犯罪分子，但是在老百姓心中是一个好人。因此，不要用“文革”那套标准去衡量孩子的朋友，这是相当不好的。事实上，还有一些人就是热衷这套标准，从而搞得孩子越来越反感。

对于孩子的朋友，父母应该给予尊重，而不是诋毁。尊重孩子的朋友，就是对孩子的尊重。道理很简单，你否定我的朋友，是不是有间接否定我的意思？因此，父母在处理这个问题上，还是尽量克制一点，多点胸怀，而不是想着控制。

要教孩子学会谦虚

谦虚是一种美德，这也是为人处世的一种方式。教育孩子学会谦虚，这对孩子的成长很关键。有的孩子拥有了某一方面的特长，就觉得自己水平很厉害，从而就骄傲起来。因此，学会谦虚是非常重要的，否则就让自己处在一种自大之中，甚至不可一世。

有的孩子考试成绩好，就瞧不起成绩差的同学，甚至觉得自己什么都比人家厉害。事实上，尺有所短，寸有所长，学习成绩差的同学一样有优点。因此，不是学习成绩好，读书厉害一点，就真的高人一等。在这方面，家长要教育孩子学会谦虚，要认识到自己的短处。一个人只有保持谦虚的心态，才会向别人学习。

实际上，谦虚并不是贬低自己，而是去掉自满的情绪，多听取一点别人的意见。比如，学习成绩好的同学，谦虚并非要求他说自己的成绩不好，而是让他能够认识到读书成绩好只是一个方面，并不代表自己什么都厉害。在其他方面，或许他比不上学习成绩差的同学。

即使所谓的才子，甚至大师级人物，懂得的知识也是非常有限的。比如，有的科学家可能熟悉自己研究领域的东西，但是研究领域之外的东西，可能一无所知。因此，苏格拉底也是说他自己一无所知。

有人说："学问越大的人，表现出来的谦虚越是发自内心的，因为确实觉得学海无涯。一般人表示谦虚，主要是因为礼貌，同时也为建立比较和缓的人际关系。"赛加可汗说过："谦虚是一种开放、平和的心态，它让人能从外部世界学到东西。如果不谦虚，就会在自我和外部世界之间筑起叫作‘自以为是’的墙，这会妨碍一个人的学习。”

很多孩子都会高估自己，往往只看到自己的长处，看不到自己的短处。因此，这种情绪化的对自己的认识，就导致拿自己的长处比他人的短处。当然，谦虚并不等于不自信。有的家长教育方法失误，从而导致孩子不自信，甚至自卑。

关于谦虚的话题，哲学家叔本华认为：“但凡谦虚都是无用的，如果你是凡人则谦虚只是说明事实，如果你是天才则谦虚便是虚伪。”不可否认叔本华说得有道理，但是从为人处世来说，还是谦虚一点为好。当然，水平厉害的人，再骄傲也是一个厉害的人，这点是不可否认的。但是很多时候，一些人水平很低，却显得很自满，这更是无益的。

不管怎么说，养成谦虚的好品质，还是有很多好处的。毕竟，骄傲狂妄的人往往遭人厌恶。因此，教孩子学会谦虚绝对不是坏事。

小　结

说到性格这东西，没有好坏之分，但是不同的性格适应社会的程度不同。在市场经济条件下，外向性格更加具有优势。因此，我觉得父母应该鼓励孩子多交点朋友，而不是干预。事实上，有的父母喜欢干预孩子交友自由，从而做出各种限制。这种做法，导致的后果就是让孩子的性格越来越内向。

有人说："这个社会谁擅长沟通，谁占有的社会资源就更多，就容易赢得财富、地位、名望。富同学保持着较高的沟通效率，无论是对工作、对朋友、对家人，他们频繁交换彼此的信息和想法。穷同学则相反，说难听点，工作上擅长'忍气吞声'，和另一半发火时也只会冷战，让信息沟通为零。"其实，这个观点确实有道理，善于沟通就容易获取财富。不管计划经济还是市场经济，擅长沟通的人总会获得各种机会，从而能发挥自己的优势。

因此，培养孩子的外向性格要趁早，而且越早越好。当然，性格这东西，和个人因素有关，也有强求不来的成分。总之，需要我们冷静去对待和善于利用。

第五节

父母要平等对待孩子

实际上，有很多父母都是缺少平等观念。尽管有的父母在社交方面表现得很谦虚，架子很低，可是到孩子这里却失灵了。这个问题，往往被人们忽略了，所以就形成孩子和父母之间的一种不平等关系。

真正好的父母，就应该用一种平等的眼光对待孩子。毕竟，孩子也是一个独立的人，他也有自己的想法和思想。不过，有一些父母，总是不太愿意和孩子平等相处，而觉得这样做的话，就损害自己的尊严。

正因为有这样的错误思想，所以造成对孩子的伤害，这点是不可估量的。因此，本章就针对这个问题进行分析，告诉父母们，危害在什么地方，同时又需要注意什么？

家长要学会把身份放低

可以说，中国很多家长往往缺少平等观念。很多时候，他们都喜欢在孩子面前表现得高高在上。尽管他们都说很疼爱自己的孩子，可是却没有把孩子放到一个平等位置。有的家长在孩子面前，总觉得自己就是上帝，什么都懂了。因此，他们不会顾及孩子的想法，总是觉得孩子的想法是没有什么价值的。

有的家长在社交方面表现得很谦虚，架子很低，但是到了孩子这里就失灵了。这个失灵体现家长缺少平等观念，不愿平等地对待孩子，不愿意给孩子自由。有的家长本身就是一个弱势群体，在外面受到别人欺负，但是回到家里就拿孩子来出气。他觉得即使被所有人欺负，也不可以被孩子欺负。因此，这些人可能最终就会拿孩子出气。

如果孩子有什么想法，往往会被家长教训，说这是大人的事情，轮不到小孩子插手。事实上，有时孩子提出的建议是非常不错的，可是家长就不愿意听取。我就读初中时，做出很多正确的判断，但是我那些长辈不会听取。他们总是觉得自己很厉害，从来都不会把我放到眼里。经过多年的验证，我当时一些话是对的，但是他们因为面子问题，一直都不肯承认。

其实，如果家长希望把孩子教育好，就要把自己身份放低一点。如果自己做错了，就应该勇敢地向孩子承认错误，而不是给自己找借口。一位叫布莉琪的网友说："我也打过我女儿，但我知道，打人纯粹是打人者的发泄，所以何必还觍着个大脸给自己找什么借口是为人家好呢？ 试问你的领导为你好打你，你干吗？打完你还得认错还得承认，你贱不贱？会有人这样吗？既然不会，凭什么厚颜无耻地对孩子说是为你好。 孩子就不是人，孩子就该打？我不信。"

毕淑敏在文章说：“孩子，我多么不愿打你，可是我不得不打你！我多么不想打你，可是我一定得打你！这一切，只因为我是你的母亲！”这几句话隐含的信息就是，因为我是你的母亲，所以我有打你的特权。从这个逻辑来看，毕淑敏就是非常不愿意把自己放到和孩子一样的位置，老是拔高自己。

一位叫作黛黛的网友说：“你的孩子长大了才好不了，因为你不把他当人看待，随意对他施加暴力，他会成为一个心理、人格都存在极大缺陷的人，而我会尊重我的孩子，他将来一定会很好。没理可讲，就诅咒、辱骂他人，确实是祸害的一贯行径。你是个非常标准的祸害，你的孩子也会成为一棵标准的小白菜。他长大之后，会将你今天的暴力与不尊重，一桩一桩地还给你的。”这位网友的话说得很有道理，这也应该让很多家长反思自己的行为。

不管在什么方面，家长都应该懂得尊重自己的孩子，多一点平等的相待。任何时候，都应该少一些专制，多一些平等。毕竟，孩子也是一个人，也需要得到尊重和享受平等的权利。因此，家长要学会把身份放低。

父母不要成为孩子心中的权威

很多父母都喜欢在孩子面前树立权威，从而降低管理孩子的成本。就这样，有的父母就利用这种权威去影响孩子，让孩子服从父母的权威。长期下去，在孩子眼里，父母的话就是对的了，所以就再也没有质疑的精神。

《优秀父母都一样》这本书说道：“孩子突然‘被’生到这个世界上，什么都不知道，什么都不会，他需要一个令他信服的、知道的和会的都比他多得多的一个权威来指导他、帮助他。当然，如果这个权威对他还充满了爱与赞赏、态度和蔼可亲、情绪不躁不冷，那就更理想了。父母，正是他所需要的权威。父母的权威角色随着孩子的降生自然降临，推也推不掉。我们所能做的，只是如何当好这个权威而已。”这种观点就是，既然孩子什么都不会了，所以就要给他一种权威的东西。实际上，这种做法却是抹杀了孩子的创造能力。既然孩子很多东西都不知道，那么他就应该有一种追问的思想，不断去思考。父母这种权威，却是阻住了孩子的思考。

在孩子面前树立权威，对孩子的成长绝对不是一件好事。当然，如果有了这种权威，父母管理孩子确实容易了。毕竟，孩子把父母当作偶像那样，所以就不会和父母对着干。这种情况下，父母说什么话，孩子往往都会接受。

事实上，有一些父母就是喜欢在孩子面前建立一种权威，从而让自己得到一种满足。有的父母，还拿这个东西到处去炫耀，纯粹是为了满足自己的虚荣。对于父母来说，有了权威之后，内心上有了成就感。很多时候，他们忽略了孩子不是用来管理，而是拿来培养。对于一个人来说，权威往往会抹杀他的创新能力和怀疑精神。

如果孩子把父母当做心中的神，那么这是非常危险的。不管父母多出色，都是一个普通人，这点应该让孩子有一个正确的认识。我读小学时，比较喜欢和同学或者伙伴讨论问题，但是有的人反驳我，就说他爸爸认为这样，他爸爸的话不可能错，所以肯定是我错了。或许，小孩子的想法，还可以理解，然而有的成人也是这样的。记得有一次，我和人家聊天，我问对方理由的时候。她回答我，她妈妈说过是这样的，她妈妈很厉害，肯定不会错的。

一直以来，我们的文化都是对权威不可质疑的。比如，某人就成为我心中的神，任何时候都不可以质疑。我和一个熟悉的朋友讨论到某人，并且质疑到某一些东西，真想不到她脱口而出，要是我继续质疑下去，她就向公安局报案。有时，我质疑某个知名学者的观点时，我的亲戚就讽刺我，说我有什么资格质疑人家，以身份来压人，而不是看看我质疑的内容有没有道理。相对我的亲戚，我的父母对我的干预还是比较少的，尤其是我父亲非常尊重我胡思乱想的行为，只是我父亲很早就去世了。自从我父亲走了，我的生活就不断受到来自那些亲戚严重的干涉，并且骂我父亲放任我。

我在四五岁时就经常听到父母抱怨物价上涨，说钱越来越不耐用。我就好奇地问父亲，这是怎么回事？我父亲并没有觉得我是一个孩子而拒绝给我解释，他和我说，国家印的钱多，但社会上可买的商品数量并没有增加，所以物价就开始上涨。可是自从我父亲去世之后，再也没有人给我解答心中的疑问，而是面对一群专制者的亲戚给我灌输一种权威。这些年以来，我默默地承受着这种痛苦。因此，我在想着一个问题，要是有一天，我能拥有自己的孩子，绝对不能让他经历这种痛苦。

我觉得父母应该鼓励孩子多思考，鼓励他打破权威，而不是被某种东西束缚。如果真的爱自己的孩子，就不要给孩子灌输愚民政策，否则孩子只是一个硬盘而已。

不要做神圣的父母

家庭教育之中，父母这个角色往往被神化了。很多家长总是在孩子面前，做一个完美的父母。很多家长对孩子的行为并不是那么通情达理，甚至想尽一切方法在孩子面前建立个人威信。他们总是觉得在孩子面前失去威信，那是非常危险的。

很多家长无法容忍孩子的强势，总是希望孩子能够服从自己的命令。就这样，家长处处维护着自己的权威，有的家长甚至通过强化孩子的无助感来维护自己。如果孩子做了什么事情让家长不满意，就会说一些话来打击孩子。个别的家长还说了很极端的话，要是当时不把你生出来，该多好啊。

有的父母神圣得一点都不可质疑，孩子在他们面前不可以说半个不字。有的孩子说了父母的缺点，就被扣上不孝的帽子。要是父母都把自己当作神那样，那么又如何把孩子教育好？《中毒父母》这一本书有一段话说道：“我们的文化和宗教在维护父母权威至高无上方面几乎是一致的。对丈夫、妻子、恋人、兄弟姐妹、上司和朋友发火是可以接受的，但是对父母直言相抗却几乎是禁忌。对于‘不能同妈妈顶嘴’或者‘你怎么敢冲着爸爸吵？’这一类的话我们不是耳熟能详了吗？”

很多时候，家长犯错了，却不肯承认错误。孩子犯错了，父母可以批评，但是父母犯错了，孩子却不敢说什么。因此，孩子和父母的关系就是一种不平等的关系。《中毒父母》这一本书说道：“因此，孩子就得由神圣的父母掌握了，他们也像古希腊人一样，永远也不知道下一次闪电会是怎样的。但是中毒父母的孩子知道闪电是迟早要来的。这种恐惧是根深蒂固的，并且随着年龄的增长越来越强烈。在每一个曾经受过虐待的成年人的内心深处——甚至具有很高成就的成年人的内心深处——他依然是个虚弱无能、担惊受怕的孩子。”

父母对孩子正如神仙们对待古希腊人一样。《中毒父母》这一本书说道：“古希腊人有一个难处。那些从奥林匹亚山顶的天台向下俯瞰的神仙们可以对希腊人所做的任何事做出宣判。只要一不高兴，可以立即惩罚他们。他们不需要仁慈，也不需要公正，甚至连正误都可以不加考究。事实上，他们可以全然不讲道理。一旦心血来潮，便可以将你变为山谷中的回音，或者罚你永生永世往山上推石头。不用说，这些法力无边的众神喜怒无常，在他们肉体凡胎的仆人中引起了不小的恐惧和迷惘。”有的家长赌博输钱回来，心情就不好了，就拿孩子来撒气。有的人在外面是一个弱势群体，受人家欺负，但是回到家之后，就拿孩子来出气。

其实，我们不要做神圣的父母，而是要做一个在孩子面前勇敢认错的父母。有时，家长为了维护自己的权威，结果把孩子的前途葬送了。要记住一点，我们都是普通人，父母也是普通人。

家长千万不要和孩子赌气

有的家长在教育时，遇到孩子的叛逆行为，就会和孩子赌气起来了。其实，这种做法是非常不理智的，并且会让问题更加恶化。有时候，孩子闹起情绪，和家长赌气起来。面对这种情况，作为家长就应该想方设法化解孩子的赌气情绪，而不是跟着一起赌气。

有一个案例是这样说的："有一天，一位叫冬冬的孩子，他起床起晚了，就埋怨妈妈，而且还向妈妈发脾气，他爸教训了他几句，他就不肯上学，他父母见他不去上学，也赌气不送他去学校，这事儿就这样给耽搁了。"

本来，孩子起床起晚了，这是他自己的责任。可是他却把这个责任推给他妈妈，结果他父母觉得这件事情很受委屈，就和他赌气起来，从而也不送他去学校。固然，孩子赌气是不对的，但是作为家长应该是想方设法去化解孩子这个情绪。然而冬冬的父母觉得自己很委屈，就做出一些很不理智的行为。

针对孩子的赌气，家长一定要控制好自己的情绪。有观点认为："在赌气阶段，最有效的教育方法是，暂停！父母应该想办法使孩子从一种状况中短时间地脱离开来，以便孩子自己能够再次恢复正常。比如让孩子先单独待一会儿，这也就是家长们常说的'冷却法'，这种方法十分奏效，但是切记，家长在孩子'冷却'之后，需要提供一次和平解决的机会，在这之后，家长和孩子之间的沟通就会有效果了。"

据《成都晚报》报道："家长与老师沟通令7岁男童赌气出走溺水身亡。他们夫妇带罗光杰去看望生活老师，与老师交换了一些意见，小杰因此赌气，回家时冲在父母前面二十多米远。当时小路上没有路灯，很黑，一队婚车经过时，就着亮光，他还看见小杰后退着避让婚车，可走到有路灯的大路上时，已看不到小杰的身影了，他们当即慌了神并报警，和朋友们找到凌晨4时都没找到。九天之后，罗成明终于见到了儿子，但已经不是那个活泼可爱的小男孩，而是一具高度腐烂的尸体。”

因此，如果发现孩子有赌气行为的时候，家长要想方设法去解决。有时，稍微不注意就会造成一场悲剧。有观点认为：“父母跟孩子赌气，对孩子的健康成长不利。如果家长能对症下药，那孩子自然就不会赌气了。赌气，只是个表现形式而已。相反，对孩子的毛病，家长动则怒发冲冠，呵责打骂，既伤了孩子的自尊，也显得大人很没修养。假如再因孩子屡教不改而赌气放任，则更是两败俱伤，得不偿失了。在教导子女的问题上，做父母的还是要心平气和，耐心细致，真正动之以情，晓之以理。此外，还要宽容地看待孩子的毛病，容其慢慢纠正，切忌操之过急。”

不管什么时候，家长都不要和孩子赌气，否则事情就会朝着不好的方面发展。作为家长，一定要理性，要学会控制自己的情绪，而不是和孩子赌气。

孩子身上的缺点多数来自父母

每个孩子身上都有很多缺点，这些缺点往往让为人父母的操心。当然人无完人，所以每个孩子有这样或者那样的缺点，这是很正常的。然而让很多父母没有想到的是，实际上孩子身上的缺点多数来自父母。很多时候，父母在教育孩子时，往往潜移默化把缺点传给了孩子。

孩子来到这个世界，一开始就和父母在一起生活。父母所做的一切，都会或多或少对孩子产生影响。刚开始时，孩子还是一张白纸，但是父母的行为逐渐填写到孩子的脑海里。孩子在几岁时，模仿能力是很强的，所以父母做什么就跟着模仿。因此，父母的性格就会在无形中影响到孩子。

对于孩子来说，父母是他判断是非的天平。如果父母告诉他，这种行为是善的，那么他就认为是善的。比如，他父母教育他要善待爷爷奶奶，那么他可能就会善待爷爷奶奶。这是一个真实的案例，有一个女人对自己的婆婆有意见，于是她就在孩子面前说婆婆的坏话。她和自己的孩子说，他的奶奶不疼惜他这个孙子，是一个不称职的奶奶。她整天在孩子面前，不断给孩子洗脑，结果搞得她孩子对奶奶也怀有敌意。本来，晚辈要尊重长辈，善待长辈，但是却被他母亲扭曲了这种人性。

如果父母经常在孩子面前表现出对社会仇恨，觉得这个社会是非常不公平的，那么必然也会对孩子造成影响。要是这个孩子长期受到影响，那么自然也就会觉得这个社会是黑暗的，然后怀着对社会的一种不满。事实上，很多父母低估了自己对孩子成长的影响。一个孩子的价值观，父母在早期教育中的影响是非常大的。当然，如果父母的教育方法不对，将会对孩子产生很多负面的影响。

学者李毅多说道："孩子身上的这些优点，他是源自于父母，比如说很谦虚、很节俭，这些都是源自于父母。但是他的缺点，也源自父母，我听到这句话以后就感到很震撼。因为我们不认为孩子的缺点是源于自己的，认为孩子的缺点是源于社会、源于学校、源于同学的影响。但是我们渐渐地发现，原来确实是源于自己，因为我们进入社会以后人变得很傲慢，觉得已经成为社会中的主要人物，已经成为社会中的中流砥柱，对人就失去了谦卑之心。所以，对待长者我们不去鞠躬、不去敬礼，不向长者学习，不向长者来表达我们这样一份恭敬之心。因此孩子跟我们在一起，从来就没有看见我们做父母的、做长辈的如何去恭敬他人，如何向他人致敬，他没有看见过。所以孩子没做好，原因不在孩子，而在于我们做成人的、做父母的没有做好，这是真正的原因所在。"

父母并不是上帝，对很多东西的判断并非正确。由于中国式家庭教育，往往带有很多强制成分，所以就会无意强迫孩子接受一种错误的东西，包括父母身上的缺点。有的父母，并不一定看到自己的缺点，甚至错误地把缺点看成优点，从而要求孩子去接受。

有的父母想把所谓家族的优良传统让孩子去继承，结果就把这些缺点传给了孩子。比如，虚荣心就是其中之一。孩子和父母地位越不平等，就更容易把缺点传给孩子。因此，父母操心孩子的缺点时，首先应该学会反思自己。

要做言行一致的父母

对于任何人来说，都应该做到言行一致。父母在孩子面前，也应该如此。如果自己对孩子做出承诺了，就应该给孩子兑现。实际上，我们经常看到一些父母在孩子面前说话并不算数，答应孩子的事情却不去做，甚至有各种欺骗孩子的行为。

有的父母经常为了哄孩子开心，或者纯粹为了应付孩子，就随意对孩子做出一些承诺。他们在说这些话时，并没有想过要兑现自己的承诺。有的父母为了鼓励孩子努力学习，就随便做出了一些许诺。比如，父母对孩子说，要是这次期末考试成绩能够在班上第一名，就带他去什么地方旅游。然而孩子这次真的考了第一名，父母却找各种借口拒绝兑现承诺。例如，说最近很忙，或者天气原因等借口。

如果身为父母，自己的言行不一，那么就会在孩子面前失信。这样的话，孩子以后就不会相信父母的话。关于这一点，我们可以从历史的角度来看。洋务运动对于中国民族资本的产生起到了一定的作用，培养了不少企业家。当时，很多私营企业经营得很好，也赚了很多钱。这个时候，清政府就以国家安全名义，进行国有化改革。比如，盛宣怀坚持铁路国有化，从而导致了民间的企业家集团与朝廷的彻底决裂。路权回收令颁布后，各省商民群起反对。

《好爸爸胜过好老师》这本书说到一个案例："女儿依依5岁的一天，她说想去动物园。坐在电脑旁忙着敲击键盘的妻子，头也没抬地说：今天妈妈太忙，下个周末我带你去。懂事的女儿没再说什么。转眼又到了星期天，妻子依然忙得不可开交，早已忘记了上周对女儿许下的诺言。女儿再次提起去动物园，妻子望着排得满满的工作日程，只能说：‘下周吧。’结果，推了一周又一周，终未成行。终于，当女儿再一次听到下一周带你去动物园的许诺时，大为不满地说：‘妈妈净骗人，你说话不算数，不是诚实的人！’妻子听后很震惊，急忙放下手中的工作，带上女儿赶往动物园，兑现她许了很久的诺言。事后妻子对我说，原本她并不是真想带女儿去动物园，说下周带她去只是一个托词和缓兵之计，心想小孩子记不住事，很快就会忘掉这个承诺。没想到女儿竟牢牢记住了她的话，一直都在等她兑现诺言。女儿给妻子上了一课：成人间的交往注重言而有信，对孩子也要一言九鼎，不能食言。”

晚清的改革之所以没有取得成功，很大原因就是当时政府的机会主义。经济学家杨小凯认为：“老板既是制定游戏规则的政府大官，又是参加游戏的主要成员，其双重地位造成的利益冲突使得国家机会主义制度化，公平和健全的市场秩序不可能建立，私人企业不能发展起来。”实际上，父母在教育孩子时，都喜欢成为一个机会主义者。一旦孩子认真追究起来，他却说当时只是随便说说而已。

《好爸爸胜过好老师》这本书说道：“有一个孩子在他的一篇作文中写道：期中考试他的数学考了100分，爸爸答应送给他一辆自行车，结果因资金紧张而流产 。还有一次期末考试，他语文考了95分，妈妈答应他去吃肯德基，结果又没有兑现。 爸爸、妈妈，你们总教育我别说谎，可你们为什么总不兑现自己的诺言呢？ 这是孩子的心声。”要是父母屡屡无法兑现自己的承诺，那么孩子就不会再相信父母的话，自然就产生了信任危机。

要是父母都不讲信用，那么如何教育孩子做一个讲信用的人。如果这样长期下去，家庭教育的开展就越来越艰难了。同时，孩子和父母之间产生了信任危机，将来相处起来就困难很多。因此，做言行一致的父母是很有必要的。

用诉苦方式教育孩子并不可取

有一些家长觉得孩子不够懂事，就采取诉苦方式教育孩子。通常情况下，他们都会和孩子说，自己的工作是多么的辛苦，要是再不懂事的话，自己就会很伤心。比如，有的家长和孩子说："我所做的一切都是为了你，为了你能够吃好住好，我连命都不要去赚钱，可是你一点都不懂事，学习成绩还是那么差。"事实上，这种做法并不能真正起到教育孩子的作用，反而让孩子屈服道德的压力而妥协了。长期下去，孩子就有一种被迫感觉，觉得父母是在强人所难。

如果通过诉苦方式教育孩子，往往会产生更多负面的效果。要是家长在孩子面前说自己多么辛苦，赚钱是多么不容易，那么孩子心里就有一种负罪感。有的家长对孩子说，说为了孩子放弃美好的前程，从而全心全意把精力投入到他身上。孩子听到这些话之后，内心上就会产生一种不安，觉得自己来到这个世界是一个罪人，拖累了父母。要是家长经常给孩子灌输这些东西，孩子就会产生一种非常消极的心理，觉得自己是没有价值的。

家长也是一个普通人，诉说自己的苦处是很正常的事情，甚至和孩子诉苦也是没问题的，但前提就是不要把这种诉苦用来教育孩子。有的家长，人为制造一些"苦处"出来教育孩子，这就是所谓的苦肉计。事实上，自己并不是在外面辛苦工作，是刻意编出"苦故事"来骗孩子，从而博得孩子的同情。要是这个真相有一天被孩子知道了，导致的后果是相当严重的。

很多时候，家长只是觉得自己很辛苦，赚钱养家，却忽略了孩子也有很多苦处。很多家长对孩子都是专制的，在孩子面前拥有至高无上的权力，差不多像皇帝的"君令臣死，臣不得不死"。其实，孩子也有很多烦恼的，只是很多成年人容易健忘当年小时候的烦恼。孩子读书成绩不好，就有来自老师、家长甚至同学之间的压力。从表面看来，小孩之间的交往是比较单纯的，但是也有一套规则，一样有各种竞争和压力。他们也会有各种利益冲突，甚至在寻求保护方面往往处于无助状态。

相对家长来说，孩子各种人生阅历非常少，这点需要家长给予引导和教育。家长可以告诉孩子一些道理，但是不要用诉苦方式给孩子道德上的压力。要让孩子明白，努力学习的原因并不是父母工作辛苦，而是自己学习知识的需要。不要让孩子所做的一切东西，都是迫于父母的压力，这是相当不好的。

不管家长是否有意，用诉苦方式教育孩子，往往就产生了一种苦肉计的效果，这是非常不好的。从长远来看，就会扭曲孩子的价值取向，将导致更多隐患。有一些看起来很孝顺的孩子，长大之后就会做伤害父母的事情。毕竟，这些扭曲长时间积累下来，无法及时得到纠正，到时就会爆发起来。

实际上，采取诉苦方式教育孩子，往往是治标不治本。如果不是在特定的情况下，这种方法还是少使用，否则将埋下更多隐患。

只要自己认定这一套教育理念，就会强迫孩子去接受它。有的家长老是觉得这种教育方法是正确的，所以就不顾一切去实施。要是出了问题，就往孩子身上推。

从某种意义上来说，家长是家庭教育服务者，孩子是接受服务者。要想把家庭教育做好，就应该从这个角度去思考。如何教育好孩子，一定从孩子的角度去思考，否则就不能做到有效的教育。要知道，每个孩子性格、成长经历都是不同的，人家的成功经验不一定适用于你。

以孩子为中心，并不是说什么都顺从孩子，而是要重视孩子在家庭教育上的地位。要让孩子能够顺利成长，就要尊重孩子的实际情况，而不是让孩子服从自己的理念。也就是说，要树立服务者角色，才可以实现预期的服务产出。这就好比产品的生产，一定生产对了，否则消费者就不能接受。家庭教育也是如此，教育理念一定要对，否则孩子就不会接受。

很多家长教育孩子时，就说到自己过去是怎样过来的，自然也就要求孩子怎样，而不是结合现在的具体情况去讲道理。实际上，孩子的成长和家庭教育有很大关系。比如，教育孩子要讲礼貌，就给孩子讲道理，语言上一定要浅白，让孩子能够明白，否则孩子也不可能接受。有的家长教育孩子时，处处要表现自己，尤其展示个人权威，却没有考虑孩子的感受。

饭店里的菜是否好吃，顾客最有发言权。道理是一样的，家庭教育效果的好坏，孩子也是最有发言权。如果这一家饭店的菜不好吃，顾客可以用脚投票，但是父母是无法选择的，所以家长教育对孩子的影响是非常大的。智商是天生的，这个比较难以改变，但是一个孩子能否健康成长，这里有很多因素，家庭教育是一个重要的可变因素。如果说智商是不变因素，那么情商就是一个可变因素。当然，智商也是可以开发的，只是相对来说，投入和产出不成比例。因此，家庭教育之中，好好开发孩子的情商是非常重要的。

要知道，每个人智力都是不同的，但是有的家长经常骂孩子这么笨，甚至打击孩子的信心。把个人情绪带入家庭教育之中，这个害处是相当大的。他们的家庭教育不是以孩子为本，而是以个人情绪为中心，心情不好时，就大骂孩子。要是家长本身都做不好，如何把孩子教育好。

谈论到家庭教育时，我们经常看到家长发言，却极少看到孩子发言。本来，孩子作为接受家庭教育服务者，更有资格发言。因此，家庭教育时，要多点以孩子为本，把这个中心移到孩子那里，我想会取得更好的效果。

谁让孩子爱上撒谎？

孩子爱上撒谎，不管对老师还是家长，都是一件头疼的事情。面对孩子的撒谎，家长怎么办？虽然孩子撒谎的原因有很多，但很多时候都是老师和家长让孩子走上撒谎之路。很多老师一边教育孩子不要说谎，一边却也暗自鼓励孩子说谎。

写作是一种思想表达，需要真情实感，但是这种应试教育体制下，孩子真情实感表达的权利已经被剥夺了。写作文过程之中，老师不让孩子表达自己的真实想法，而是教给孩子说空话、假话等。这种写作模式总是作者刚开始有一念之差，但是经过内心思想斗争之后，就做出一些高尚的举动。

作文很多例子，并不是真实存在的，而是作者乱编的。很多说谎的作文，不仅得到高分，并且被拿出来做范文。不管是老师还是家长，只要孩子作文能够得高分，那么孩子在作文里说谎的行为就不会得到批评，反而给予掌声。

很多时候，家长和老师之所以痛恨孩子说谎行为，并不是说谎本身，而是说谎的对象损害了他们的利益。道理很简单，孩子在老师面前撒谎，欺骗了老师，当然老师自然就不会开心。老师或者家长批评孩子时，却没有反思自己如何教孩子在作文中说谎。有的老师对那些坚持说实话的人进行打击，甚至讽刺他们。这种背景之下，教育工作者又有什么资格指责孩子的说谎？

有的孩子想在写作时表达自己真实的想法，可是老师却不允许孩子这样做。实际上，空话说得越多的文章，老师往往就给孩子高分。孩子写作文要按照老师的观点去写，不可擅自发挥个人想象。事实上，自己就是一个普通人，非要在文章写得自己多么高尚、多么伟大。因此，有的孩子写着都觉得不好意思了。

老师教给孩子在写作之中说谎，所以自然也就会在现实生活之中说谎。反正在他们看来，说谎行为都是老师以及父母教的。因此，孩子在考试不理想时，担心自己受到惩罚，自然就想到说谎。写作文时，孩子发现说谎对自己有好处，当然也就学会在别的地方说谎。就这样，整个社会都缺乏诚信，都不断在说谎。

要让孩子不说谎，其实家长要给孩子做一个好的榜样。因此，有人说：“发现小孩撒谎，家长应首先检查自己，孩子在学习处理问题的方法，多半是受父母影响的。研究表明，撒谎儿童最有可能来自父母有此行为的家庭。若父母不能做一个诚实的榜样，实在很难说服孩子要诚实。要培养诚实的孩子，自己就不应撒谎。父母在要求孩子诚实的同时，自己应该以身作则，在日常生活中做一个好榜样，不要不经意地在孩子面前说出做不到的承诺或骗人的话，要在日常生活和工作中注意做到言行一致，诚实守信。对孩子或他人的承诺要认真履行，犯错后要及时承认错误，并认真改正，这样孩子便可从中学习到好的行为。”

整个社会风气都这样，孩子喜欢说谎一点都不出奇。如果大人不以身作则，那么又如何培养孩子的责任心和诚实的品质？谁让孩子爱上撒谎？我想答案就不用说了。如果老师和家长都不能保证自己不说谎，怎么教育孩子不说谎?

孩子不肯吃饭怎么办?

孩子不肯吃饭，这是让很多家长头疼的问题。很多时候，孩子不肯吃饭，家长心里就着急起来。一些极端做法就是，家长采取强制手段逼孩子吃饭。有的家长给孩子下了军令，必须把饭菜吃完了。实际上，这种做法往往不能达到预期效果，反而容易陷入一种恶性循环之中。

如果孩子不肯吃饭，家长逼他吃饭，就会导致他产生厌食情绪。其实，我们家长可以换一个角度来思考问题，要是自己不想吃饭，别人强迫自己吃，那将是怎样的？对于孩子不肯吃饭的问题，家长应该放弃强制的做法。不管怎么说，家长要冷静思考孩子不肯吃饭的原因，而不是很主观的判断。事实上，孩子不肯吃饭的原因有很多，比如生病了，或者消化出了问题，吃了过多零吃等。

要是孩子身体没问题，而是一时不肯吃饭，家长没有必要过于担心。如果家长不断逼孩子吃饭，结果只能导致孩子越来越不喜欢吃饭了。对于孩子不肯吃饭，我觉得家长不要过多进行干预。很多时候，顺其自然还是比较好。既然孩子不肯吃饭，就不要逼他吃，那么等到他肚子饿了，自然就会吃饭了。逼孩子吃饭的做法，就等于破坏了这个恢复规律，所以只能延长危机。

其实，孩子不肯吃饭，家长也有很大的原因。网上就有说到关于家长的原因，“哄骗威逼或在吃饭时训斥孩子，造成孩子情绪不佳，对吃饭产生了强烈的对抗情绪，因此厌恶吃饭。有的家长当着孩子的面与别人议论自家孩子吃饭存在的问题，反复强化了孩子不爱吃饭的意识。家长自身存在着偏食、挑食的问题，孩子耳濡目染来效仿。所以在一个家庭里，往往家长不爱吃的食物，孩子也不喜欢吃”。

关于孩子吃饭的事情，家长不要采取什么刺激手段。比如，孩子吃了多少饭，家长就采取什么奖励，这非常不好。家长的奖励，或许可以激发孩子多吃几口饭，但是却隐藏着危机。有一些孩子可能在家长的奖励条件下，从而拼命吃饭，导致对身体的伤害。本来，孩子吃不了这么多饭，但是因为家长的奖励，从而扭曲了孩子对饭量的需求。

对于解决孩子不肯吃饭的问题，网上也给出一些建议，“根据孩子的年龄特点和个体的差异，安排适宜的户外运动，保持食量与能量消耗之间的平衡。这样不但可以呼吸新鲜的空气，促进血液循环，加速新陈代谢，而且还可以进行日光浴，有效地促进皮下的胆固醇转化为维生素D，有助于钙的吸收，有利于骨骼和肌肉的发育，保持合理体重增长。合理有度地给孩子安排零食是必要的，但是必须选择合适的时间：既能增加孩子对饮食的兴趣，也有利于补充能量。需要注意避免影响正餐食欲和进餐量。零食主要以乳制品和水果为主。控制糖果、甜饮料以及油炸和膨化食品”。

每个孩子不肯吃饭的原因都不同，所以家长一定要找出原因。通常情况下，我觉得家长还是顺其自然，而不是强迫孩子吃饭。孩子从爱吃饭，到不肯吃饭，这都是周期循环。这就好比，经济萧条周期是必然存在的，所以孩子不肯吃饭，不要过于担心。

孩子并没有义务给父母争光

很多父母都是喜欢给孩子输入“争光”的观念，从而要求孩子承担着给父母、给家族争光的责任。有的家长教育孩子时，就说人家的孩子多么懂事，让人家的祖宗都觉得有光，但是你却把祖宗的脸都丢尽了。因此，孩子从小就被输入一种观念，接受教育，努力学习并不是改善个人生活质量或者享受求知的乐趣，而是身份和显赫地位的象征和标志，从而让父母甚至整个家族的人都觉得很有面子。

就这样，孩子承载着父母无数的期望。因此，有的家长为了自己的面子，就不顾一切给孩子施压。要知道，每个人的智商都不同，擅长的东西也不同，但是有的家长却不考虑孩子的实际情况，拼命责备孩子不争气。可是这些家长从来都没有考虑过，孩子有孩子的幸福，需要过一种自己认为幸福的生活，而不是父母的附属品。

我觉得每个人都应该为自己而活，而不是为了别人活着。要知道，孩子生命的意义并不是给父母争光，而是追求他的快乐人生。很多家长对孩子期望相当高，什么都要求孩子做得最好，否则就觉得丢了父母的脸。有的家长什么都不给孩子做，就是要求他好好学习，争取这次考试能够考第一。要是孩子能够在考试之中取得第一，家长就觉得很开心，也觉得脸上很有光，但是却不顾及孩子的感受。要知道，孩子考这个第一，背后承受的各种精神压力，这都不是他需要的。因此，他宁愿不要这个第一，而让自己过得轻松一点。

孩子没有给父母争光的义务，所以做任何事情，只要能够实现个人价值就足够了。不管做什么事情，都不应该出于争光的心态去做，而是根据个人的偏好去做。努力学习，是让自己将来过得更好，而不是光宗耀祖。因此，父母没有任何资格去要求孩子，把孩子努力的成果建立在满足自己虚荣的基础上。

很多父母希望孩子能够给自己争光，从而要求孩子按照自己铺好的道路去走。有的父母认为自己的女儿嫁给有钱人，自己很有面子，但是却没有考虑到女儿的感受。他们不会考虑女儿的幸福，只是考虑他们的面子问题。同时，有的父母经常要求孩子必须怎样，否则就会不开心。

可以说，有一些父母心态很不好，要是孩子不能给他们争光，就表现得很不开心。如果孩子考试成绩差了，自己就觉得抬不起头，这个完全是家长的心态问题。孩子考试成绩差一点，又如何？做一个普通人，有什么不好。要知道，自己的孩子能力就是这样，要是逼他的话，我想可能会适得其反。

父母教育孩子时，不要老是给他输入争光的观念，这是很不好的，甚至会害了他的一生。这样的话，父母会痛苦，孩子也会痛苦。人生苦短，最关键是活得开心，而不是活得很累。

为何神童被抹杀了？

曾经有媒体报道，被誉为“神童”的东北男孩王思涵，当年以14岁的年龄，高考成绩572分的超高分数，考入沈阳工业大学自动化专业，入学后成绩每况愈下，最后因为多门成绩零分，而被学校“责令退学”。

可以说，很多家长急于求成，往往都是希望自己的孩子早日成才，但是却不尊重成长的自然规律。有一家培训机构号称：“只要孩子从小接受他们的培训，10岁时就能赶超一个大学生。”实际上，这种做法完全是违反规律，是不能让孩子健康成长的。

《培养最棒的男孩》这本书，提到一个案例。该书内容说道：“塞达斯曾是美国家喻户晓的一位神童。他的父亲原为哈佛大学的心理学荣誉教授，他认为，人的大脑和肌肉一样是可以通过训练而不断增强的。为了证明这一论点，他决定在自己的孩子身上进行一系列的教育试验。塞达斯出生之后，父亲便在他的小床周围挂满了英文字母，并在他耳边不断地发出这些字母的读音。6个月后，父亲的教育初显‘神效’，小塞达斯已经能够把26个英文字母全部记住了，而且能够读出声音。父亲对自己的教育成果感到非常的自豪，紧接着，他又用各类教科书取代了小塞达斯的玩具，让他独自苦读。这样做的结果确实让小塞达斯的智力发展得很快，两岁他就能看懂中学课本，4岁时他已经发表了4篇文章，6岁的时候还完成了一篇解剖学论文。但是，正当人们对塞达斯父亲的教育方法佩服得五体投地的时候，小塞达斯却表现出了一些反常的举动，比如，在不该笑的时候傻笑。其实这是因为父亲的过分施压使他的神经系统开始失常的一些初期表现，但父亲却忽视了这个危险信号，继续进行试验。在12岁那年，塞达斯被哈佛大学破格录取了。正当人们艳羡地谈论着这个天才神童的时候，塞达斯却在14岁那年因患病而住进了精神病院。尽管治愈后，他又返回学校继续上学，并取得优异成绩，但是他早已对父亲的‘试验’和人们的赞扬深恶痛绝。他热切地渴望过一种正常人的平凡生活。于是，他离家出走，改名换姓，在一家商店做了一个最普通的店员。”

一个12岁的孩子就被哈佛大学破格录取，这是多么不简单的事情，但是这种“奇迹”到他14岁就破灭了。可以说，这多么让人痛心。要知道，神童也是一个普通人，承受能力也是有限的。可是有一些家长却不顾实际，给所谓的“神童”超常规的发展，从而把他逼到绝境。可以说，一旦这种压力突破某个界限值，天才神童的孩子就会被毁掉。

要知道，人不是一个机器，而是一个有生命的人。因此，每个人都需要全面发展。当然，这里所谓的全面发展，并不是样样东西都学会，而是一个正常人都具备的因素。懂得和别人相处、生活自理能力、心理健康等东西，这都是每个人应具备的。可是天才教育理念，往往把这些东西抹杀了，过分强调智商教育，甚至以读书成绩的好坏作为标准。因此，这样培养出来的孩子，通常都是有缺陷的。

有一些学生读书成绩很好，但是对知识运用能力很差。他们交际能力很差，不懂如何与陌生人打交道，更没有洞察力。他们缺少很多生活知识，经常在日常生活里弄出来笑话。由于长期重视考试成绩，关于心理承受能力方面的训练缺乏，遇到什么挫折，就不敢面对，甚至想不开。

有的家长只是要求孩子学习再学习，把孩子当作奴才一样训练。有的家长怕孩子乱花钱，所以就不给孩子零花钱，而不是教他如何树立正确的消费观。因此，很多孩子全面发展的机会被父母剥夺了。就这样，孩子就在家长高压之中前进，但是这种模式完全是被动的。当然，这种被动模式不会走得太远，一旦外力消失了，自然也会停下来。这就解释了很多大学生本来成绩很好，但是上了大学就不想学习了。从经济学角度来看，这种模式就好比刺激经济增长那样，一旦刺激消失，经济就会停止增长。要使经济能够保持长期增长，内生变量是很重要的，而不是不断刺激。

所谓培养神童计划，本质就是一种刺激经济模式，自然会出问题。其实，要让经济能够长期增长，正确的做法不是一时刺激，而是内生的因素。一个国家或者地区，保持经济长期增加的因素，这包括法治环境、私有产权保护、经济自由度等。因此，要让一个孩子真正成长，就要培养他的兴趣，让他对知识产生兴趣，主动去学习，而不是依靠外来压力。

因此，神童也是一个普通孩子。对于孩子来说，什么样的年龄，做什么事情，家长应该尊重这个规律，不要人为去超前。否则，当孩子的承受能力到某个临界点时，危机就会爆发出来。

孩子幸福比成功更重要

一直以来，很多家长都希望自己的孩子成功。很多时候，他们往往把孩子的成功放在第一位，却忽略了孩子的幸福。实际上，成功并不是人生目的，成功只是实现幸福的一种手段，幸福才是人生目的。很多家长都把关系颠倒过来，所以往往不管孩子是否幸福，只求孩子是否成功。

事实上，很多家长都是把孩子的成功放在第一位，幸福放在第二位。这种价值取向的存在，有的家长就拿某种成功标准来衡量孩子，从而想尽一切办法让孩子达到这个标准。因为有了成功标准的误区，他们就忽略孩子自身的情况，不断给孩子施压，甚至把孩子逼到绝境。有的孩子从小时候开始，就被父母这座大山压得喘不过气来。

有的家长，从胎儿起就进行各种规划。孩子刚出生不久，家长就给他各种教育上的训练。他们把孩子整个人生都规划好了，甚至每个步骤都非常具体。孩子几岁时，家长就给他安排各种课程训练。有一些孩子，并没有快乐的童年，而是有各种任务要完成。

其实，家长这样对孩子的成功训练，对孩子的伤害是非常大的。虽然孩子很多方面都比不上大人，但是并不意味着就可以剥夺他的选择权。从成功角度来看，没有真正的自由，就不可能会成功。成功需要自由的土壤，所以剥夺孩子的自由，就不会成功。任何的成功都是建立在幸福基础上，否则就没有意义。有的人，表面看起来很成功，很多人都羡慕他，但是他不一定幸福。

美国的《独立宣言》开头的名句是："人人生而平等，都有生命、自由和追求幸福的权利。"如果家长认可这句话，那么就更不应该剥夺孩子追求幸福的权利。要知道，人生并不是为了成功而成功，而是为了幸福而成功。要是没有幸福，一切的成功都是没有意义的。

一个真正对孩子负责的家长，就不应该剥夺孩子的幸福。每个人来到这个世界，都有权利选择自己的生活方式。当然，家长有义务帮助孩子实现幸福，但是没有权利剥夺孩子的幸福。有的家长看到人家的孩子考上北大等名校，就也逼自己的孩子考名校。每个人都有虚荣心，这是可以理解的。毕竟，家长也是一个普通人，产生虚荣心很正常。但是作为家长，不能因为自己的虚荣，从而剥夺孩子去实现幸福的权利。

本来成功也是多元化的，但是有的家长把成功标准定义得过于狭义。比如，孩子考试成绩全班第一名就是成功，甚至考第二名都是失败的。要是这样的标准，全班只有一个人成功，其他人都是失败的。从社会角度来看，成功是有一个客观标准，但是对于个人来说，却是主观的。所谓的成功，并非一定考全班第一，或者考上名校才是成功。

这个社会上，我们心中的“成功人士”并不是每个人都可以做到。我们可以不做成功的人，但是可以做一个幸福的人。对于孩子来说，幸福比成功更重要。因此，只有在孩子快乐成长的基础上，家长才可以帮助孩子做一个成功的人。

孩子的人权需要得到尊重

虽然父母是孩子最亲近的人，但是往往却成为孩子的基本人权的最大威胁。很多时候，以爱的名义已经成为侵犯孩子人权的挡箭牌。很多父母都是以关心为由，侵犯孩子的隐私权；以前途为由，侵犯孩子的选择权。实际上，很多家长对自己的过错行为从来都没有反思过，相反却是以出发点是好的给自己辩解。

很多家长在教育孩子时，并不是和孩子讲道理，而是脱口而出“你以后就知道父母的话都是对的了”的说辞。要是孩子对父母的做法提出质疑时，他们往往就会说，我是你的父母，你就必须听从我的话。因此，中国文化里就有“棍棒底下出孝子”的观点，从而剥夺了孩子的人权。

父母和孩子之间，父母的权力几乎是无法无天的。可以说，中国很多家长都是理直气壮地“以爱之名”侵犯孩子的人权。很多时候，孩子必须要按照家长的意志去做事情，否则就是一个不孝之子。太原市一名初二学生向媒体诉说他的苦恼时说道：“我最讨厌的事情，就是爸爸妈妈偷看我的日记、偷听我的电话。我觉得他们看我就像看贼一样！这样下去，我觉得自己和他们的隔阂越来越大，甚至不愿意和他们交流了。”有的孩子一点隐私权都没有，做什么事情都要向父母汇报，上网浏览网页也是在父母监控之下进行。

很多时候，父母总是要求孩子如何如何，要是孩子做得不好，就觉得自己脸上很无光，然后就苛责孩子。但是为什么孩子就不能反过来要求父母如何如何？我见到有一些父母经常打麻将赌博，赌钱输了就拿孩子出气，甚至对孩子要求非常严格。有的家长上学期间并不努力学习，甚至成绩非常差，但是却要求自己的孩子要考个全班第一名，难道不感到脸红吗？有的孩子连想玩的权利都被家长剥夺了。有的家长整天逼着孩子在家里看书，总之就是学习再学习。

一直以来，中国在家庭教育方面都没有反思父母的过错。比如，“无论家人对你做过什么，也许你现在不理解，但是有一点可以肯定，他们一定很爱你”。因此，很多父母侵犯孩子的人权时，往往都没有歉意之心。有的家长在工作上不顺心，就拿孩子出气。父母心情低落可以理解，但是总不能拿无辜的孩子作为发泄对象吧。

有的家长喜欢对孩子任意摆布和控制，否则就是不懂事的孩子。他们总觉得孩子按照家长意思去做就行了，所以很害怕孩子有自己的主张。高考报志愿时，有的家长干脆替孩子做决定了。比如，有一位家长决定让女儿报护理专业，但是她的女儿不听从她的话。她对别人说：“女孩儿学护理专业多好，将来还可以照顾我们。可我跟她爸好说歹说，这孩子就是不愿学。大人对社会的了解比她多，她怎么就不听话呢？”事实上，你认为护理专业很好，但是并不代表你的女儿想法和你一样。同时，从这句话中，还可以看出这位母亲希望女儿学了护理专业，将来还可以照顾她的动机。

真正的好父母，就应该尊重孩子的人权。道理是一样，如果政府任意侵犯你的人权，你会觉得这是个好政府吗？因此，好政府要尊重公民的人权，好父母要尊重孩子的人权。

不要给孩子特权

父母爱孩子是一件很正常的事情，但是爱孩子并不等于任意迁就。有的父母非常疼爱自己的孩子，总是想尽一切办法去满足孩子的要求，甚至没原则没底线。实际上，这样做对孩子往往是有害的。从某种意义上来说，就会导致孩子权力的膨胀，从而想干啥就干啥。

对于孩子应有的权利，父母应该给予尊重。可是有的父母给予孩子的不是权利，而是特权。有的父母一切都顺从孩子的意志，总之孩子开心就行。这样的话，就不知不觉导致孩子形成一切以自我为中心的想法。这些孩子不会考虑别人的感受，做什么事情都是从自己的立场出发。

物以稀为贵，所以很多独生子女都被父母视为掌上明珠。即使这些孩子做错了，父母也不舍得骂，甚至颠倒是非来维护孩子。自己的孩子和人家的孩子出现纠纷时，有的父母却不懂得站在客观立场看问题，而是处处袒护着自己的孩子。

有的孩子要人家的玩具玩，但是遭到人家拒绝。这个孩子的父母知道这件事情之后，为了讨孩子开心，就指责人家太自私了，不把玩具给他的孩子玩。本来，人家不给你玩具玩，那是人家的自由，但是有的父母却不会这样教育孩子。其实，正确教育孩子的方法，就是告诉孩子，玩具是人家的，人家是否给自己玩，那是人家的自由，这一点应该尊重。要是人家不同意的话，强硬拿别人的玩具，就是侵犯人家的权利。

有的父母对孩子管得太严，孩子一点权利都没有，但是有的父母却什么都顺从孩子。其实，这两种做法都相当不好。毕竟，前者剥夺孩子的权利，后者给予孩子特权。每个人都应有自己的权利，但是不可以拥有特权。本质上，特权就是对别人权利的一种侵犯。因此，给予孩子特权，就等于支持孩子侵犯别人的权利。

其实，过于疼爱孩子，往往导致孩子无法适应这个社会。有一次，我和一个网友聊天。她就要求我必须专心和她聊天，不准做别的事情。当时，我听了很生气，说没有这个义务。后来，她告诉我，她父母从小就顺从她，什么都满足她。因此，她一直都适应别人顺从了，自然就这样了。同时，她还和我说，她不太会处理人际关系，总觉得和别人相处起来很困难。

一旦脑海形成了一种特权思想，觉得别人必须顺从自己，那么人际关系处理起来就显得很紧张。有的人从小被父母惯着，所以在外面受不了半点委屈。很多大学生的心理脆弱，这和父母过于疼爱也有一定的关系。要知道，这个社会是很复杂的，受委屈是很正常的。可是有的人在家里习惯做皇帝，就很难适应那种落差。

要想让孩子健康成才，就应该培养孩子适应社会的能力，而不是处处给予孩子特权。孩子做对了，就应该奖励，反之就要惩罚。因此，应该告诉孩子，什么事情可以做，什么事情不可以做，而不是任意迁就他。

要尊重孩子的隐私

如果孩子能够把父母当作朋友，把自己心里话和父母说，这肯定是好事。要是孩子有一些话并不愿意和父母说，那么父母也应该懂得尊重孩子的隐私。然而有的父母却是想尽一切办法想知道孩子的情况，甚至做出很多公然侵犯了孩子的隐私权的事。

很多时候，父母并没有真正考虑到孩子的感受。他们总觉得孩子年龄小，所以父母可以替他的隐私做主。实际上，这种想法是非常错误的。我们要明白一点，孩子首先是一个人，而不是父母的附属品，所以他有自己独立的人格，自然就有情感上的独立。

有的父母想了解孩子的情况，就会偷看孩子的日记。其实，这种做法是非常不好的。如果作为父母，不经过孩子许可，就随便看他的东西，这对他是一种不尊重。如果想看孩子的日记，就必须征求孩子的意见，但是孩子不同意的话，就不能强迫孩子接受。

一位叫作夏学军的家长说：“虽然我很想看看日记里写了些什么，手机里有什么秘密，如果我想知道，并不是难事，但我还是抑制住了自己的好奇心。在人格和尊严面前是没有大小之分的，我采取了另一种方式与他交流。孩子毕竟是孩子，当他感觉到你的诚意后，心里话会源源不断地倾泻而出，那本带锁的日记已锁不住我们彼此交流的心。日记里记载了什么我觉得已不是很重要，我允许他有自己的隐私，并尊重它的存在，只要他的心灵是健康无尘的就好。”

以前网络没有那么发达的时候，孩子往往通过书信交往。有的家长或者老师担心孩子学坏了，就拆开孩子的信件，甚至没收孩子的信件。事实上，这种做法是非常有害的，只能进一步对孩子产生伤害。同时，孩子内心有很多想法，成人也未必一定要知道。说实在话，有一些东西不知道反而是好事。

有人说：“孩子是一个完整的人，应该有属于自己的隐私权。成人即使发现了他们的秘密，也不能抖搂孩子的隐私。一方面孩子会觉得自己没有了自尊；另一方面，孩子会由此失去对大人的信任。所以，父母即使发现了孩子的隐私，替孩子隐瞒也未尝不可。如果有不良因素，父母完全可以通过举例、讲故事、做游戏等途径对孩子加以引导。相信只要过了青春期这段时间，孩子一定会越来越成熟，越来越让父母放心。”对于主张保护孩子隐私的做法，我还是非常赞成的。

有一个案例说到一位母亲担心女儿恋爱，经常跟踪女儿，并且随便拆开女儿的信件来看。当她的女儿抗议时，说这是个人隐私权。这位母亲却说：“你才多大呀，就开始有隐私了？ 你知道什么是隐私吗？那些见不得光的脏东西，才叫隐私呢！小小年纪你就要隐私？”

其实，要是这位母亲懂点法律，就应该知道公民有隐私权。《未成年人保护法》第三十九条规定：“任何组织或者个人不得披露未成年人的个人隐私。对未成年人的信件、日记、电子邮件，任何组织或者个人不得隐匿、毁弃；除因追查犯罪的需要，由公安机关或者人民检察院依法进行检查，或者对无行为能力的未成年人的信件、日记、电子邮件由其父母或者其他监护人代为开拆、查阅外，任何组织或者个人不得开拆、查阅。”

本来，孩子的隐私权是非常合理的，再加上法律都认可了，但是父母却破坏的话，将会造成很多不良的影响。因此，父母一定理智一点，学会尊重孩子的隐私，这样有利于孩子的成长。

家长要尊重孩子的私产

家长给孩子零花钱，这是普遍的现象。多数孩子拿到零花钱，往往会选择花掉，但是也有的孩子舍不得花，把这些钱存起来。很多家长都希望自己的孩子不要乱花钱，把这些钱存起来。当然，孩子乱花钱有很多原因，但是也和家长对孩子私产不尊重有关系。

如果孩子犯错，或者不听家长的话，就可能受到惩罚。有的孩子做了一些很让家长生气的事情，家长就会对孩子进行各种惩罚，这包括任意没收孩子的财产。有的家长甚至对孩子说，要是不听话，这些零花钱就要充公。要是家长这样教育孩子的话，只能起到相反的效果。毕竟，这本质上并不是教育，而是威胁，从而让孩子整天处于提心吊胆之中。说不定某一天，家长来个大清洗，孩子的钱财全部被没收。

我父亲英年早逝，家庭经济困难，所以母亲很少给我零花钱。读小学时，我也会想尽一切方法赚一点钱。我和同伴一起捡废品去卖，然后换一点钱回来。这些钱，我有时拿去买零食，但是多数都存起来。有的时候，母亲也会叫我去买东西。通常情况下，她都知道商品的价格，但是我有时搜集更便宜的卖家，或者通过积极的讨价还价，从而把价格压低一点。这些差价，就成为我的收入。有时，我也会帮助人家干活，从而赚取一些“小费”。读小学时，我干过建筑工人的活。最成功的一次，我说服母亲同意我做生意，她帮我进货回来，结果我做了十来天的地摊生意，赚了当时人们平均工资的两三倍。当然，这次赚的钱几乎全部给了母亲。

当然，一些压岁钱、或者一些“小钱”还是归我所有。如果我和母亲闹矛盾，搞得她很生气时，我的财产就被没收了。就这样，我的财产就被没收了好几次。说真的，我那时非常伤心。记得有一次，我存的钱大约有300元。300元刚好可以买一台黑白电视机，我就提出买它，但是我母亲不同意。我不服从母亲这个限购令，就跟她争吵起来，结果我这300元被没收了。要知道当时这300元，我花了很长时间去积累。有时，母亲赶不上给我做早餐，就给我钱去外面吃，但是我并不去买早餐，而是悄悄把它省下来。

后来，我就偷偷把这些钱存到银行里，并且有密码。当时，存款并不是实名制，所以没有身份证等证件一样可以存款。因此，即使要没收我的“财产”，没收的也只是一张无法兑现的欠条而已，毕竟母亲不知道密码。就这样，我为我的“财产”寻找到一个安全的地方。现在看来，富人把“财产”转移到国外，这和把“财产”转移到家外确实有点类似。

其实，我说这些个人经历，只是希望家长能够懂得尊重孩子的私产。如果家长任意就可以没收孩子的财产，这和政府任意没收公民财产本质上是一样的。家庭教育方面，我觉得家长要尊重孩子的钱物，不要动不动就来一个大清洗，这样非常不好。

说实在话，要是保护孩子的财产，或许他有动力去积累财富。如果孩子不听你的话，就可以没收他的财产，那么你是否可以换位思考？要是你不听政府的话，政府就要没收你的财产，你有什么感想？因此，我觉得家长要学会尊重孩子的财产。

小 结

很多时候，我们都追求平等，但是到了晚辈和长辈之间却打折起来。我们经常看到，有一些人总是要求孩子顺从父母的意思，甚至采取很恐怖的手段。既然大家都是人格独立的人，为何要成为父母的附属物?

其实，要教育好孩子，就应该把架子放下来，而不是高高在上。我觉得父母应该尊重孩子，包括属于孩子个人的财产。只有大家能够平等对待，很多问题才可以得到解决。孩子也是一个人，也需要尊重，对吧。

我个人给一些父母的建议就是，要多点平等精神，多点法治精神，而不是想干什么，就干什么，别以为自己是家长，就可以滥用手上的权力。尊重孩子，才会赢得孩子的尊重，我想这个道理不难理解。

第六节
培养孩子的独立思考能力

培养孩子的独立思考能力，这对孩子的前途有很大帮助。不仅对孩子当前的学习有很大的帮助，同时也可以培养孩子的创新能力。当然，很多父母都希望自己的孩子能够具备独立思考的能力，可是在培养过程中，却出现各种误区。

有很多父母形成一种习惯，就是喜欢给孩子指路，而不是让孩子去思考。不管是作业不会做，还是生活上遇到问题，都喜欢直接告诉孩子答案。这种情况下，孩子的思维就很懒惰，从而丧失了独立思考的能力。

如何培养孩子独立思考的能力？我想是很多父母关心的问题。那么父母具体需要做点什么，在教育孩子的过程中，又需要讲究什么？本节将和读者探讨这个问题，解读那些父母迫切想知道的东西。

如何培养孩子的学习兴趣

兴趣是学习的动力，这点说得很好。孔子说过："知之者不如好之者，好之者不如乐之者。"如何培养孩子的学习兴趣，这是问题关键所在。孩子对学习不感兴趣，这是让很多家长头疼的问题。

很多孩子之所以不愿意学习，那是在他来看，学习是一种痛苦和折磨。有一些孩子虽然学习成绩很差，但是他们都很聪明。因此，对于家长来说，就要做到正确引导孩子，想方设法培养孩子的学习兴趣。有的家长看到孩子不喜欢学习，就采取强制手段逼孩子学习，这是相当不好的。兴趣这东西，不是逼出来的，而是培养出来的。

作为家长，一定要了解孩子的实际情况，采取有效方法培养孩子的学习兴趣。只要让孩子对学习产生兴趣，那么他一定会努力学习。诺贝尔奖得主杨振宁曾经说过："上海一家杂志写了一篇文章，介绍我的生平。文章有一个小标题叫做'终日计算，沉思苦想'。没有征求我的意见，我不同意，尤其不同意这个"苦"字。什么叫苦 ？自己不愿意做，又因为外界压力非做不可，这才叫苦。做物理学的研究没有苦的观念。物理学是非常引人入胜的，它对人的吸引力是不可抗拒的。如果一个人觉得搞得很苦，他应该考虑他是否应该选择这个方向？是否应该再搞下去？"

那么如何培养孩子的学习兴趣，这是很多人探讨的问题。有人给建议："带孩子到大自然、社会中去，开阔眼界，提高学习兴趣。家长可以经常有意识地引导孩子到大自然中观察日月星辰、山川河流。比如，春天可带孩子去观察小树以及其他植物的生长情况；夏天带孩子去游泳、爬山；秋天带他们去观察树叶的变化；冬天又可引导他们去观察人们衣着的变化，看雪花纷飞的景象。孩子通过参加各种活动，可以开阔眼界，丰富感性认识，提高学习兴趣。

“家长最好还能指导他们参加一些实践，让孩子自己收集各种种子、搞发芽的试验、栽种盆花，也可饲养些小动物。随着孩子年龄的增长，可以启发他们把看到的、听到的画出来，鼓励他们阅读有关图书，学会提出问题，学会到书中找答案。这样，孩子的兴趣广泛，知识面扩大了，学习能力也在不知不觉中得到提高。”其实，对于家长来说，还是根据孩子的实际情况，对症下药，才是根本出路。

家长要想办法让孩子在学习中找到乐趣，能够快乐地学习，并且能够把学习当作玩游戏那样。比如，孩子在学习数学中，做一道题目，就好比玩游戏中过了一关，那么孩子是多么有成就感。

说实在话，培养孩子学习的兴趣并不是容易的事情，但是往往不小心就把孩子的学习兴趣毁掉。有的家长，动不动就要骂孩子真笨，或者说一些打击孩子信心的话。因此，家长要学会正确的做法，从而培养孩子的学习兴趣。

上课做笔记并非好事

很多家长通常都会和孩子说，上课时要认真做笔记。同时，也有很多老师要求学生上课做笔记。实际上，上课做笔记并不一定是好事，甚至会带来很多害处。课堂笔记是可有可无，关键是用心上课才是正道。

如果在课堂上狂抄笔记，就会影响听课效果。要是把精力放在抄写笔记上，就忽略老师讲解的重点，这是得不偿失的。有的学生，就是喜欢拼命做笔记，什么内容都记下来。事实上，这个完全没有必要。

老师在课堂使用的讲义，并不是什么秘方，都是很容易找到的。有时，老师把课本上一些公式或者知识要点写上去，有的学生见到之后，也拼命抄写下来。其实，这种做法完全是多余的，更是对资源的一种浪费。即使一些内容不能在课本上找到，在相关辅导资料上通常也可以找到。

即使一些讲义是老师专有的，但是也不一定在课堂上抄写。美国一些大学的教授给学生上课时，往往会提醒学生不要去做笔记，课后将发到每一位同学的电子邮箱里。很多时候，有一些学生只顾着抄笔记，结果老师讲什么却不知道。经济学家张五常曾经说过："例如好几次我故意将颇明显的错误写在黑板上，200多名学生中竟无一人发觉，只知低着头忙着将错误抄在笔记上。"

当然，笔记也是有用途的。经济学家张五常认为："笔记有两个用途。（1）将明白了的内容，笔记要点。但若觉得只记要点都引起分心，就应放弃笔记。明白了讲者的内容是绝不会在几天之内忘记的。很多讲者的数据在书本上可以找到，而在书本上没有的可在课后补记。老师与书本的主要分别，就是前者是活的，后者是死的。上课主要是学习老师的思想推理方法。（2）在课上听不懂的，若见同学太多而不便发问，就可用笔记写下不明之处，于课后问老师或同学。换言之，用笔记记下不明白的要比记下已明白的重要。"

其实，笔记应该体现在读书之中，也就是读书笔记。也就说，在读书过程之中，把自己的想法写下来，而不是摘录内容。因此，这个笔记并不是抄写过程，而是记录自己的思想。因此，在课堂上狂抄笔记，害处远远高于收益。

关于笔记这个东西，并不是在课堂上完全不要了，而是有选择地去做一些笔记。这个前提就是，能够保证自己听课的效果不会受到影响。

家长不要逼孩子学习

每个家长都希望自己的孩子学习成绩好，能够考全班第一名，能够考上北大、清华等名校。孩子学习成绩优异，自然是好事情。然而现实是残酷的，并不能所有人都考全班第一，考上北大、清华的人更是少得可怜。

因此，有孩子考全班第一，自然就有孩子考全班倒数第一。

很多时候，家长并不能客观看待孩子，所以经常给孩子一些不切实的目标。有的家庭教育书籍宣传作者培养孩子成功的经验，吹捧自己是如何把孩子培养成哈佛或者北大的学生。实际上，这可能不是家长的成功，而是孩子的成功。我见到很多家庭，哥哥成绩非常好，考上北大等名校，但是弟弟却考不上大学。在这里，我只想说所谓的成功家教不要迷信。

面对孩子学习成绩不好，很多家长往往采取计划经济的思维，说不好听一点，就是强制孩子学习。有的家长，可以说简直是疯掉了，用尽一切方法来逼孩子学习。要是孩子不想学习，真的可以逼他学习吗？要想孩子努力学习，这需要来自孩子自发的兴趣，而不是用外在力量去强制。孩子成绩的好坏，除了个人努力之外，同时还和个人智力等因素有关。上帝创造了人类，但是每个人的智商都是不同的，并且擅长的领域也是不同的。学习这东西，并不是拼命，成绩就一定比别人好。经济学上说到边际效应，我想就是这个道理。有的数学题，并不是每个人都可以做出来。

说到智力这些东西，确实有开发的空间，但是这里总有局限。也就是说，经过个人开发，可以让自己变得比以前聪明一点，但是绝对不能成为天才。比如，张五常在经济学领域是一个奇才，完全是一个异数，对于我们普通人来说，是不可能超越的。当然，我们智商一般，但是通过个人努力，在经济学上有所建树，然而要超越张五常，那几乎是不可能的，除非这个人也是一个异数。

不可否认，家长也是一个普通人，看问题容易被情绪左右，这都很正常。有的家长看到人家孩子成绩这么好，就给自己的孩子施压，但是却没有考虑自己孩子的情况。很多时候，家长都会骂孩子不争气，学习成绩这么差，然而却没有反思过自己。其实，孩子一样可以指责家长的，为何人家的父母赚钱那么多，而自己的父母却赚钱这么少。

一位叫许芊芊的网友说道："孩子的成长发育是自然界限定的，所以不到相应的年龄，不要硬性逼他们学习跟年龄不相符的东西。例如看到有家长说，孩子不会数数，那就说明他的思维发展发育还没到那个程度，对数量的理解还没有完全达到。这些不是教就能教会的，而是他本身发育达到那个水平，自然就会理解的。可惜的是，没有达到妈妈的要求却被挨打了。还有看到一岁多会背诗歌，这有什么意义啊，除了让家长拿出来炫耀之外，对孩子来说毫无意义。能理解吗，能体会到写作人的心境吗？作为父母，让孩子健康成长，其中包括不要揠苗助长。所谓的早教，不是提前输入不合时宜的知识，重要的是培养健康的性格习惯和心态。每个孩子都有其特点和各自的生长发育时段，不能随便拿自己的孩子跟别人相比较。”我觉得这位叫许芊芊的网友说得很好，对于很多家长来说，非常有参考意义。

不管怎么说，家长还是应尊重孩子成长的规律，而不是逼孩子做一些自己不喜欢的事。实际上，孩子的成绩好一些或者差一些，有什么所谓？人家孩子考100分，自己孩子考90分，这个有什么关系？

要明白，孩子的学习不是逼出来的。要是家长逼孩子学习，孩子的成绩不一定上去，但是可能会产生各种副作用，这就是代价。因此，家长应该记住，凡事都有代价，逼孩子学习也是如此。

要不要给孩子上辅导班？

孩子到底要不要上辅导班，这是很多家长思考的问题。对于这个问题，既有赞成的，也有反对的。赞成一方认为，别家的小孩都在补习，咱家的孩子不补习，否则就输给人家。反对一方认为，现在孩子的压力太大了，在学校里要学的东西就够多了，所以给孩子减压。

两种声音听起来都有一定的道理，所以很多家长犹豫不决。孩子该不该上辅导班，更多要考虑家庭的经济情况和孩子个人的情况，而不是盲目跟风。对于经济困难的家庭，我觉得给孩子报名上辅导班时更需要慎重一点。我看到有的家长，经济条件不怎么好，却要拿出高额资金给孩子报名上辅导班，孩子却没有兴趣，结果家长感情上受伤，孩子也很为难。事实上，并不是上了辅导班，前途就一定辉煌。很多时候，一些家长对这些辅导班期待很高，甚至寄希望可以改变孩子一生。

有的家长经济条件并不好，但是在孩子上辅导班方面投入非常多，这并不是理性的做法。教育是一种消费，关键要看个人家庭的收入情况，否则就会产生很多副作用。很多家长希望提高孩子的写作水平，就拼命砸钱给孩子上各种写作辅导班，但是收效甚微。很多人没有参加写作辅导班，一样可以写出一手好文章。恰恰相反，经过写作辅导训练的孩子，长大之后反而不懂写文章，写出来的东西往往是空洞无味。

当然，我并不是说这些辅导班没有价值，而是要看投入和产出。家庭经济条件好的话，花一些钱给孩子上辅导班，对家庭经济的压力不大。有的家庭经济情况不好，甚至很困难，但是却要投入大量金钱给孩子报各种辅导班，这不是理智的做法。有钱人给孩子报名上钢琴、绘画、围棋、乒乓球等辅导班，有的穷人看到之后，也盲目跟风。比如，穷人家庭的孩子，除非在乒乓球方面有特别的天赋，否则参加乒乓球辅导班之后，顶多也就是水平比普通人高一些。这些投入，对于穷人家的孩子来说，简直就是一种奢侈。

有一些人从来没有参加过辅导班，一样可以考上北大等名牌大学，甚至还考了全省状元。可以说，对于学习尖子来说，参加辅导班并没有什么作用。很多时候，辅导班讲授的内容，他们都懂了，这等于在浪费时间。有的学生成绩很差，需要补习一下，但是辅导班讲的进度相对比较快，结果跟不上。

实际上，有一些孩子从来都没有上过什么辅导班，但是他们长大之后一样非常出色，甚至成为这个社会的精英。对于家长来说，不要对辅导班这东西产生迷信，甚至把它当作万能，这是非常有害的。即使家庭经济条件很好，报各种辅导班时，也要尊重孩子的意见。要是孩子不愿意的话，就不要勉强孩子。一名就要升入初三的男生皱着眉头说："我想假期自己在家复习，可我妈偏要给我报个什么辅导班，大热天还要买月票来上课，都要累死了，哪有精神听什么课。再说，上课的老师又没教过我，怎么知道我该补什么，一点针对性都没有，还不如自己在家看书。”

其实，家长在给孩子报辅导班时，要和孩子商量，而不是被广告或者所谓的专家迷惑了。一切都让孩子来做主，而不是家长替代了。同时，还要根据家庭自身情况，以不造成经济负担为宜。

要学会培养孩子的写作能力

写作就是一种表达方式，就是给读者传播有效的信息。当然，传播信息的方式有很多种。写作就是采用文字形式去表达，关键就是把自己想表达的东西告诉对方。对于家长来说，培养孩子的写作能力是非常重要的。一个写作能力强的人，并不意味着就一定比别人更成功，但是起码给自己多了一份筹码。

说起写作这两个字，很多人都会和文学联系起来。实际上，很多时候写作和文学无关，写作只是把文字信息组织起来。写东西对于很多人来说，确实是一件头疼的事情。有感而发，随便聊上几句，很多人都会，但是要把一些想法有系统地整理出来，组织成一篇文章，这不是件容易的事情。

每个人都有很多想法，但是这些思路缺少条理性，甚至很混乱。读了一本书，有一些感想，但是通过写作就把思路理清，加深自己的理解。平时有什么想法，就应该多写，写作这个过程就是把自己的想法进行整理，从而有系统性。

有的孩子说话时滔滔不绝，但是叫他动笔写一篇东西，往往却无法写出来。很多家长对孩子的写作也是很头疼的，给孩子上了辅导班，但是写作水平还是无法提高。其实，写作水平的提高，完全是急不来的。这个需要长期的积累，同时需要家长或者老师的正确引导。

很多家长对写作产生误区，觉得一篇好文章一定是文笔优美，并且很有文采。文笔优美是很重要，但是并非所有文章都要求文笔优美。散文可以有感而发，随意发挥，强调整体的美感。但是评论文章，最重要的不是在于文笔优美，而是在于是否有思想性，能否把道理讲清楚。文采这东西，可能需要天赋，是训练不来的。因此，培养孩子写作技能时，就不要刻意在文采方面下工夫。

阅读过王小波杂文的人，都知道他的文章是在说道理。小波是一个善于讲道理的人，每篇文章都给我们讲很多道理。从某种意义上说，写作是一个讲道理的过程，就是如何运用文字把深刻的道理浅白地表达出来，让读者明白。越是有学问的人，他越善于用显浅方法表达出来。好的文章不是让读者读不懂，而是通过阅读就明白其中的道理。

有的人，为了显示自己的才华，不顾实际情况而乱套用一些华丽的词语，把整篇文章装饰得非常优美。结果让人看起来，虽然文字很美，但是思想却很空洞，没有思想，最终也失去灵魂。还有一种人，为了表现自己水平很高，故作高深的样子，故意写一些读者无法读懂的文字。本来，有些东西，可以通俗化表达出来，可是他刻意写一些专业词语。这种人，他总以为能够写出别人看不懂的文字，自己的水平就是很高了。浅入浅出，那是低手之作；深入深出，也不是真正的高手；真正的高手是能够做到深入浅出。

在文章中把道理讲清楚、讲明白，未必是一件容易的事情。有些文章，看起来道理很多，其实套套逻辑，正如我们说四足动物有四只脚。写出一篇有实质内容的文章，同时又要避免自身矛盾，我想更难。很多文章，开始的逻辑还是很严密，但是写着写着就出现内容矛盾了。因此，怎样把文章中的条理表达清楚，这需要长期训练的。有些人相信写作一定有什么技巧，于是认为只要掌握了技巧，就可以写出精彩的文章。其实，所谓掌握写作技巧的人，他们的文章往往成了八股文。精彩的文章往往不是在于句子优美，而是思想。一个人的思想深度，更不是一时可以训练出来的。

对于家长来说，平时要多鼓励孩子去阅读，包括经典之作。要让孩子在读书过程中做读书笔记，让他学会对知识的梳理。虽然每个人的天赋都不同，即使付出一样，可能收获都不同，但是通常情况下，只要付出了，就有一定有收获。

输在起跑线上并不是坏事

一直以来，我们总是强调不能让孩子输在起跑线上。有一些父母担心自己的孩子输在起跑线上，就不知不觉采取了一种揠苗助长的方式。很多时候，他们总喜欢超前给孩子灌输各种知识，孩子读幼儿园时就学小学知识，读小学时就学初中知识。总之，他们非常担心孩子输在起跑线上，所以拼命给孩子灌输。

要知道，人生是一场长跑，而不是百米赛。对于参加马拉松长跑的人来说，起跑线的输赢对最终比赛结果是可以忽略的。如果参加马拉松长跑的人，在起跑线时就浮躁起来，想跑赢对手，那么就没有体力维持到最后。

不想让孩子输在起跑线上，实际上往往是对未来的透支。或许，刚开始时还跑得很快，但是慢慢地把体力透支完了，很快就被别人追上来了。其实，什么年龄做什么事情，这是一种客观规律。如果什么事情都要求孩子超前，结果只会害了他。可是有一些家长却不懂尊重自然规律，就是喜欢拼命给孩子施肥，而没有考虑孩子是否吸收了。

现在，幼儿教育小学化倾向越来越严重。本来幼儿教育就是让孩子有一个快乐的童年，但是现在的孩子玩的时间减少了，作业多了。两三岁的孩子就开始学习数数、背诗、写字、记单词，这是一件多么悲哀的事情。据媒体报道，“天津河西区一所幼儿园已开始应父母要求教孩子用竖式算3位数的加减法，而这是小学二年级的课程。‘橘、凳、酱、藕、墨’这些原在小学三年级才会学到的字，也出现在《学前500字》之中。哈尔滨某幼儿园的一块小黑板上，写着幼儿们周末应完成的作业：抄写古诗《静夜思》三遍并背诵、默写汉语拼音字母、父母出20道退位减法题。”

不能让孩子输在起跑线上，本质就是通过兴奋剂方式刺激孩子不断前进，而不是给孩子持久的能量。这种教育理念，往往是强调一时见效，而忽略根本的自然规律。很多东西，都需要一个过程，而不是一步登天。就拿写作这件事来说，如果要求孩子按照范文进行填格子，或许很快就写出一篇文章。但是用这种方式训练孩子的写作，那么就决定文章不能走得太远，从而缺乏思想。事实上，过分强调写作技巧的训练，不肯一步步去积累，那么到了一定阶段就跑不动了。

其实，对孩子来说，培养他的创造能力、思维等方面比直接灌输知识更有意义。不过，问题就在于，培养创造能力和思维能力是一个长期的过程，但是知识灌输就容易见效。一些家长过分注重当前的利益，就出现盲目的短期行为，这对孩子一生的成长都是非常不利的。

对于家长来说，不能让孩子输在起跑线上是一种急功近利的思想，这是相当有危害的。同时，还有一些家长害怕自己的孩子输给别人，就拼命要求孩子必须怎样，却不考虑孩子的承受能力。有的家长经常教训孩子，说人家孩子这么厉害，怎么你就不行。

实际上，输在起跑线上并不是坏事。著名经济学家张五常，读小学时的成绩也是非常差，曾经留级过，但是输在起跑线上的他，并没有影响他一生的成就。这样的例子还有很多，所以需要我们把眼光放得远一点，而不是把眼睛仅仅盯住当前这个起点。

孩子的天分并不需要家长挖掘

一直以来，很多家长都觉得要善于发现孩子的天分，否则天才也会变得平凡普通。很多人担心自己孩子的天分隐藏起来，所以就拼命想办法去挖掘。实际上，这种做法并不可取，甚至会贻误了孩子的一生。

挖掘孩子的天分，这是急于求成的做法。这种做法往往破坏孩子成才的自然规律，从而让孩子的天分被扭曲了。天分这东西，是不易察觉的，并且随着外界环境的变化而有所改变。很多人在挖掘孩子的天分时，往往根据自己设定的主观想法去做。比如，孩子并没有学习钢琴的天分，但是家长有这方面的偏好，就会主观认为孩子有这方面的天分。

其实，孩子有什么天分，家长不要做出主观的判断。不管孩子对什么东西感兴趣，都不要进行打压，否则就等于无形打压了孩子的天分。我有个朋友，他的儿子五六岁，但是对考古方面非常感兴趣，立志以后当考古学家。他的儿子经常问一些很古怪的问题，并且懂得大量的考古知识。说实话，这方面的知识我是远远比不上他的儿子。有一次，我朋友单位一位同事陪他的儿子玩，哄他的儿子吃饭。这位同事20世纪90年代初本科毕业，后来考取清华大学研究生。当时，她和我朋友说，他的儿子吃一口饭，就要问一个问题。有一些问题都把她难住了，结果搞得她只好瞎说了。我朋友和我说，孩子的好奇心，大人任何时候都不要打压。

我这个朋友懂经济学，他信仰自由市场，所以他明白尊重孩子的好奇心是很重要的。可是很多家长却喜欢以自己的想法，按照自己的模式去挖掘孩子的天分。其实，我朋友也搞不明白他的儿子为何对考古这么感兴趣，但是既然孩子这么有兴趣，就应该鼓励。我经常看到有一些家长说自己的孩子有某方面的天分，然后就逼着孩子去学习。

著名经济学家张五常，在1992年夏天写了一篇《我的女儿》的文章。他在文章里说："17岁，女儿进了华大，问她要选修什么，她说不知道。于是随便选科。她的法文成绩如有神助，于是每个学期都选一科法文，贪婪而非好学也。她与哥哥是一起进入华大的。兄妹同选一科只有一次，那次选的是人类学。大家要交文章习作，哥哥老早就写好了，天天修改，修改了一个月才交出去，获103分——那3分是特别奖。妹妹等到交习作的前一天，晚上十时才开始动笔，一个小时后就睡觉去也。她那习作所获的，也是103分。妹妹于是向哥哥哈哈大笑。"

张五常教授还说道："前年圣诞节，我到西雅图与儿女相聚，见到计算机打字机旁搁着一篇文稿，一读之下，甚感诧异。该文行文简洁，内容充实，清楚明白，文采斐然。我想，这不可能是儿女写的吧？或许她练习打字，把他人的文章作'练打'之用。殊不知一问之下，才知道是女儿写的。"

家长要做的工作不是挖掘孩子的天分，而是保护孩子的天分，让孩子自己去发现天分。张五常教授说："女儿懒惰成性——懒读，也懒写。在中学时不知文章为何物，她进了大学，要交出'作文'功课，就下笔成文。"

对于每一位家长来说，一切都要顺其自然，而不是人为给孩子挖掘天分。要知道，很多天分可能是后天开发出来的，所以关键问题还是尊重孩子的好奇心。给孩子营造一个宽松的成长环境，这有利于天分发现或者形成。

要不要给孩子上高中国际班？

现在，高中国际班越来越热了。有不少示范高中，国际班的学生已超过学生总数的10%。示范性高中纷纷开设国际班，如雨后春笋般涌现。河南郑州在2003年时，只有2所学校开设国际班，但是到了2011年却变成了13所学校。根据统计资料显示，2010年上海市51所示范性中学有24所开办了高中国际班。

以前，中考高分学生向往名校高中，但是现在越来越青睐高中国际班。据《北京晨报》报道："北京市10余所示范高中都开设了高中国际班，招生计划将近千人。不少名校高中的国际班都迎来了高分考生的报考，预计部分名校国际班的录取分数线将迎来水涨船高的势头。"

高中国际班合作的国家包括美国、英国、加拿大、澳大利亚、日本、法国、韩国等。不过，中美班、中加班是主流。就读高中国际班，这对到时出国留学是有好处。因此，如果打算出去留学，就读国际班确实是一个不错的选择。

虽然就读高中国际班有各种好处，但是并不是每个人都适合。事实上，有一些父母看到人家的孩子上国际班，所以也就跟风起来。国际班收费是很昂贵的，一年学费从几万元到10万元不等。比如，广东省湛江一中高中国际班每年学费是9万元。对于普通家庭来说，往往是承受不起的。根据统计局数据，2011年湛江市城镇居民人均可支配收入17600元。仅仅学费这一项，就是当地居民收入的5倍以上。

就以湛江一中高中国际班为例子，学费每年需要支付9万元，生活费每年至少一万元，多的话可能是两三万元。同时，国际班参加各种项目需要支付的费用，每年至少都需要一两万元。这样算起来，在国内就读三年高中国际班的费用就需要40万元左右。如果到时申请美国高校时，没有拿到奖学金，那么一年学费需要30万元人民币是很正常的，再加上住宿费、生活费等，一年就需要40万元人民币。这样的话，在美国读完本科四年，就花掉160万元人民币，加上国内高中三年的40万元，就需要200万元。

对于多数家庭来说，200万元是一辈子都赚不到的钱。当然，拿到奖学金，可能就省掉一大笔钱，但是谁又敢为自己的孩子打包票，到时一定拿到奖学金？因此，给孩子就读高中国际班时，一定要考虑自己的经济承受能力。

当然，中国还是有很多富裕家庭，承受这点学费是不成问题的。据《中国教育报》报道：“胡润研究院与兴业银行联合发布的《2012中国高净值人群消费需求白皮书》显示，目前中国个人资产在600万元以上的高净值人群有270万人，其中有85%的人计划送子女出国留学。”

高中国际班采取小班教学，这是优势之一。很多高中，一个班人数通常都有六七十人，甚至80~100人。国际班的人数，一般都是30人左右，这有利于师生之间的互动。比如，湛江一中“中美国际高中实验班” 计划招生100人，编成4个教学班，每个班25人。

国际班之所以能够兴起，首先给考生提供了高考之外的一种选择。

同时，在国内就读高中班的经济成本远远低于在美国就读高中。另外，就读高中国际班有利于提高到国外就读大学的概率。湛江一中在招生广告中说道："只要完成学分，获得毕业的话，就可以就读全美200名以内的高校。"

国际班有利于打破国内标准化的教育，从而满足学生和家长对不同层次教育的需要。一位叫王霞的女士说："国内课程与实际脱节严重，到了社会上用处也不大，还不如早点出国，更能够学到真东西。"湛江一中校长杨耀明接受媒体采访时说道："中美国际高中实验班的开办，将为有意到美国求学的学生提供优质的教育机会，也将增进中美学生对彼此文化的理解。"

有一些家长选择给孩子上国际班，这和户籍制度有关系。很多人并没有北京户口，那么就意味着他们的孩子将要回到户籍地参加高考。这种情况下，所以就有人考虑给孩子上国际班，从而避免户籍带来不必要的麻烦。

吴先生在20世纪90年代来到北京做生意，但是一直都没有取得北京户口。因此，他的女儿将来参加高考是一个很大的问题。吴先生说道："要么回户籍所在地湖北读高中，在那里参加高考，但是孩子从小就在北京上学，回去肯定不适应；要么花不菲的学费，读国际班，出国留学。"有的学校在国际班招生中，还打出"无学籍困扰、无高考教材烦恼、非京籍考生的第一选择"的标语。

如果经济许可的话，我觉得送孩子到高中国际班，还是一个不错的选择。毕竟，可以让孩子接触更多的东西，可以很大程度避免应试教育的毒害。同时，还要考虑孩子自身的情况，起码有没有这个兴趣，这是一个根本的前提。另外，选择高中国际班时，一定学会货比货，而不是被招生广告欺骗了。

其实，对于很多父母来说，要给孩子上高中国际班，一定要考虑自己的经济能力。同时，还要综合各个方面来考虑，这点必须深虑。因此，要冷静和理性，不能盲目跟风。

为什么孩子不喜欢学习语文?

面对孩子不喜欢语文，很多父母都觉得心烦。有的父母说，孩子对语文非常抵触，所以感到很无奈。有什么方法让孩子喜欢语文，这是很多父母关心的话题。不管小学生，还是中学生，热爱学习语文的人确实比较少。

对于小学生来说，语文教学的枯燥，作业又多，这都会打击孩子学语文的积极性。有的语文老师让学生机械重复地抄写，试卷一张又一张，那么他们还喜欢吗？有网友说：“我想起了自己的童年，妈妈对我的作文辅导可谓很专业。从最小时候的图画书 ，到故事书，我一直看一直看，然后认识了很多字后。到作文书一本一本地读 ，以及经常性地读。小时候，母亲会在写作文没有思路的时候， 给我续下去 。虽然不是自己写的，但是也会让我觉得因为优美的词汇而骄傲起来，逐渐建立起兴趣 ，然后慢慢就喜欢了。”

语文课堂上，基本都是给学生灌输，却没有给学生思考的空间。比如，美国的语文课堂，师生一起平等讨论，并且允许答案的多元化。但是中国语文的课堂，却抹杀了学生的想象空间，并且强迫学生接受官方认可的标准答案。同时，语文教科书上有大量洗脑的文章，甚至有不少文章被揭露是造假的。说到评论文章的中心思想，学生必须接受官方的看法，而不能有自己的看法。语文教材上有很多攻击资本主义社会的文章，并且格调都是一致的，那么学生会喜欢吗？

学生不喜欢语文，这个还和教育体制有关。高考制度下，把大量时间投入语文这个学科，绝对是一门亏本的生意。即使投入很多时间去学习语文，到时也见效不大。如果把时间投入数理化，见效往往是非常大的。对于文科的政治、历史等科目来说，回报率也是非常高，但是语文这科打水漂的概率却很大。

相对于别的科目来说，语文这科的变数却很多。即使有一些人，平时语文成绩很好，到了高考也会败得一塌糊涂。相反，有一些人平时不花时间学习语文，高考却考出惊人的好成绩。因此，语文这科的运气因素远远高于数理化等学科。正因为大家都有这样的预期，所以自然就不愿意在语文上花时间。

相对语文来说，数理化等学科失手的概率比较低，所以在这些学科投入时间还是比较保险。高考成绩是看总分，所以每一位考生都是在条件约束下追求利益最大化，花时间学习语文却不符合这个理性经济人的原则。

学生不喜欢语文，并不是学生的错，而是语文在各个学科之间竞争的结果。对于一般人来说，要是不学数学的话，高考成绩接近零分都是有可能的。但是语文却不同，即使一年时间不学，150分满分的考卷，考一个90分左右的成绩一点都不难。因此，产出效益这么低的学科，谁愿意在这里花时间?

小学语文高级教师丘智慧说道：“语文是人文社会科学的一门重要学科，是人们相互交流的工具。它既是语言文字规范的实用工具，又是文化艺术，同时也是用来积累和开拓精神财富的一门学问。”这个观点本身没有错，但是这种体制下，很难让语文老师和学生有所作为。应试教育体制下，必须坚持正确的政治观点，那么孩子的语文思维就受到限制。

孩子不喜欢语文，并非是孩子的错，而是体制的错。这种情况下，要想让孩子喜欢学习语文，确实很难。同时，喜欢语文的孩子，语文成绩未必就很好。因此，不要逼孩子学语文，尽力想办法让孩子喜欢上语文。

小学阶段有必要读名校吗?

有一些父母，为了让孩子在小学阶段能够读名校，不惜一切代价去争取。他们通过托关系或者送礼，支付昂贵的学费，甚至通过购房途径，从而让孩子能够读名校。总之，他们为了所谓的不输在起跑线上，做出很执著的行为。

相对普通小学来说，名校确实有一定的优势，这点不可否认。名校在教学质量、师资等方面，通常都比普通小学要好。如果能够把孩子送进名校读书，确实是好事。同时，并非在普通小学就没有前途了。

实际上，所谓的名校，往往只是学生分数比较高而已，但是并非代表教学就很成功。很多小学名校，就是通过高强度训练出来的好成绩。这个就好比用跑100米的速度去跑1000米，刚开始时看起来很领先。因此，很多小学名校出来的学生，在初中阶段，尤其是高中阶段，成绩就赶不上人家了。

要是从人性角度来看，真的没有必要给孩子读小学名校。其实，所谓的名校，只是应试教育的工厂而已，对孩子素质帮助不大。这样的话，就让孩子过早陷入题海之中，剥夺他快乐的童年。如果孩子能够活得开心一点，即使成绩差一点，又有何妨？

很多学生高中阶段的成绩不理想，并非都是基础差导致的，而是有很多因素。只要基础不是差得离谱，追赶上来并不是一件难事。智商因素或者学习方法失误，以及心理因素等问题，都会导致学习成绩不理想。对于孩子来说，只要小学阶段成绩不是那么差，对初中阶段的影响不大。

有的父母为了给孩子上小学名校，花了10万元，甚至更多赞助费。也有的父母花一两百万元在有名校地带购房，就是能够让孩子上一个名校。其实，很多父母都没有冷静思考过，花那么多钱值得吗？如果把这些钱花在请家教或者购买一些精品上课视频，这个投资可能更合算些。

小学阶段，很多知识都很简单，所以找博士给小学生讲解乘除加减运算，是资源的一种浪费。同时，小学阶段的名校和普通学校的差别，并没有高中阶段那么大。因此，付出巨大代价选择边际收益稍微好一些的学校，确实是不太值得。

很多人想尽一切办法把孩子送到名校，那么名校每个班的人数就会超额。比如，甲、乙两地之间，有两条公路，一条路的路面很好，另外一条路的路面不好。很多车都挤到路面好的那条上，结果导致堵车。另外一条路，虽然路面不好，但是车辆很少，不会堵车，所以花的时间有时比路面好的路要少。其实，学校也是一样，普通学校就读人数少，就会出现小班教学。

有一个网友发帖说道："名校真的比普通小学好吗？交那么多学费真的值得吗？让我来告诉大家一些真相吧。我的一个高中同学，师范毕业，由于家里有门路，分进了一所赫赫有名的小学。一进去，教数学。期中考试前，领导听课检查教学常规。走进他的教室……听完课后，校长通知他，明天不用教数学了，还是教语文吧。为什么呢？因为他的课教得实在是，太……差了！！他会担心吗？不用，因为这所小学的学生家长都是很有素质的人，在家几乎把书本知识教光了，而且很多家里还请了家庭教师，呵呵，他教得再差，家长也无法察觉。可怕吧！"这个网友说的可能不一定有普遍性，但是不能否认这种现象，所以选择名校时，还是了解清楚后再做决定吧。

对于经济条件一般的家庭来说，真的没有必要去追求小学名校。还是认真思考一下投入和产出的关系，再做决定吧。当然，对于富人来说，可能那些钱不算什么，所以孩子在小学阶段，是否读名校，还是要考虑清楚一点。

成功学书籍会误导孩子

家长希望孩子将来能够成为一名成功人士，这个想法本身没有错。有一些家长却在这个问题走上极端，并且迷信那些成功学书籍的模式。有的家长给孩子买了很多成功学书籍，并且希望孩子能够按照书籍上所说的去做。

一些书籍或者广告上宣传的东西，有的家长是非常迷恋的。比如，“中国人的大脑有非常大的潜能，中国的汉字复杂多变，相对26个字母，中国人更有优势学好知识，提高大脑创造力，每一位孩子都有可能是天才！”“只要掌握好科学的记忆方法，要一周记熟高考英语单词并不难。”“一个小时内记住100多个英语单词，一周内牢记5000个单词，7天内记住一学期英语课本，四天倒背如流《孙子兵法》、《道德经》。”

市场上有关于成功经验的书籍。事实上，这些所谓的经验并不可靠，甚至有很多骗人的成分。说实话，人家孩子考上北大，并非代表人家教育孩子的方法就正确。很多时候，往往是事后诸葛亮，吹出来而已。当然，成功之后，就有资格瞎说。

实际上，每个人的情况都不相同，所以没有必要迷信别人的经验。要知道一点，自己的孩子和人家孩子情况不同，不能照搬过来。很多成功经验的书籍，有时为了制造卖点，乱夸大很多东西。比如，所谓的成功学说到，一个小时记住100多个英语单词。我不怀疑有人可以做到，但是对于多数普通人来说，完全是不可能的。

成功学书籍，就好比鸦片一样，可以让人一时兴奋，然后慢慢沉迷在幻想世界里。市场上销售的很多成功学书籍，那些作者往往都不是成功的人。这些书籍多数都是编著的，那些观点都是抄来抄去，一点新意都没有。真正的成功人士，他们基本上不会看这些所谓的成功学书籍。

不管家长给自己买书，还是给孩子买书，一定要选择靠谱的书籍。起码书上的内容要实在一点，而不是吹到天边。教育孩子时，一定不要随便照搬别人的经验，否则结果将会更加糟糕。当然，了解一下别人的经验，并不是坏事，但是刻意模仿人家的经验，这是非常危险的。

我觉得家长不要让孩子看太多成功学书籍，这不利于孩子的成长。要让孩子学习成绩进步，确实需要讲究方法，但是绝对没有那些书籍上说得那么灵。然而中国有很多家长却沉迷成功学书籍，结果也把孩子害惨了。

榜样的误导

很多家长教育孩子时，经常拿一些所谓的榜样人物故事讲给孩子听。我们不能否定榜样人物很多方面值得学习，但是再伟大的人物，也有普通人的缺点，甚至某种缺陷。很多时候，我们会美化这些人物缺点，甚至被当作优点来教育孩子。

牛顿是杰出的物理学家，在物理领域做出卓越的成绩，这不可否认。据传说牛顿醉心于实验，一位朋友中午来看他，但是等不到他出来。因此，他和牛顿开了玩笑，把用人给牛顿准备的午饭都吃了，然后就走人。这个牛顿先生从实验室出来，走到餐桌旁，看看桌上的残局，就以为自己原来已经吃了饭，又跑回去实验室。这个故事，是否真实，还是有人编造出来的，这个暂时不去考证。要是这个故事是真实的，说明了牛顿在某方面是很白痴的，当然我不太相信这个故事的真实性。

如果这个故事主角不是牛顿，而换成一个普通人，我想大家都会嘲笑这个人很白痴。很多家长看到自己的孩子不专心学习，或者做事情时三心二意，就无意识地拿这个例子教育孩子。就读小学时，老师也会拿一些所谓的榜样人物来教育我们，说某人非常刻苦学习，沉迷学习之中，甚至吃饭都忘记了。其实，刻苦学习是好现象，但是把吃饭都忘记了，绝对不是一件好事。

有一次，媒体对我进行采访时，希望我能够举例说明我是如何沉迷经济学之中的。对方问我有没有看经济学书籍入迷，煮饭时忘记关火，结果把饭煮焦了等例子。当时，我在想一个问题，难道为了证明自己沉迷经济学，非要举一些很白痴的例子吗？后来，我说了看经济学书籍通宵的例子，这个例子是真实存在，既可以证明自己喜欢经济学，又不会被当作白痴。后来，该人物采访刊登出来之后，就说我每天早上就排队去图书馆看书，但是这个例子不属实。我这个人经常都是在凌晨睡觉，甚至通宵的，怎么可能很早就去图书馆看书？因此，看到这样报道出来，确实有点不高兴。

很多家长教育孩子时，很喜欢拿出榜样人物的故事。这个榜样人物本身就不完美，但是有的家长却歪曲事实，让孩子觉得这个榜样人物是完美的。有的家长见到我，就叫他孩子向我学习，并且把我说得很“完美”。实际上，面对这些不真实的赞美，我很生气，只是没有表达出来而已。上次，我和某高校的校长聊天。她说我很不错，出了几本书，是年轻人的榜样，希望我把奋斗经历写出来，激励更多年轻学子。我回答她，每个人都有自己的生活方式，只要过得幸福就行了。我不是别人的榜样，我只是希望自己的生活方式得到尊重就可以了。

很多时候，榜样的误导是非常可怕的。对于家长来说，不要经常拿榜样人物出来教育孩子，这是不好的。其实，没有榜样的社会是一个好社会。对于教育孩子也是如此，榜样的故事，不要说得太多。

过早双语教育不是坏事

如果家庭经济条件不错，我觉得让孩子接受过早双语教育并不是坏事。孩子在两三岁时，是需要语言的好时期。这种情况下，让孩子多学一门语言是很好的选择。在这个年龄段，孩子的语感非常好，能够以很高效率掌握一门语言。

孩子在接受学习语言阶段，学习语言过程中受到干扰就比较少。孩子刚接触语言时，对语言只是一种感性认识，脑海中还没有形成一种根深蒂固的东西。这个时候，如果同时教孩子两种语言，那么他就互相兼容两种语言，从而把汉语和英语都能够学习好。

如果把一个苹果放在孩子面前，教他汉语读音和英语读音，那么他两种读法都可以记住。只要他看到苹果之后，大脑里就产生这两种读法，而不需要思维上的翻译。随着年龄长大，对某一种语言形成了固定思维之后，学习新一种语言就不可避免存在翻译的思维，学习起来自然就会困难很多。因此，过早给孩子双语教育，就可以在学习过程中避免了翻译的“成本”，学习效果自然会好很多。

当然，要让孩子接受双语教育，这个前提就是条件允许，否则让孩子接受乱七八糟的双语教育，危害就更大了。有的幼儿园条件不好，给孩子教一些不太准确的英语，这样会产生很严重的误导。因此，一定给孩子培养一个很好的语言氛围，同时也需要正确的教学方法。

过早双语教育并不是让孩子不能输在起跑线上，而是孩子学习语言天赋决定的。有一位园长的看法就是：“幼儿学习语言的本领非常惊人，只要老师、家长能给孩子营造一个良好的语言环境，他们就能不知不觉地学会一国到多国的语言。通常幼儿接受语言的最佳年龄在 3～6 岁，在这段时间里，根据幼儿对于接触最早、最多、最经常、最愉快的事物容易形成敏感这一特点，选择一些孩子们生活中常用的、感兴趣的内容，并且通过教师的语言、微笑、眼神、动作及耐心的鼓励，给孩子们一个充满爱意的语言学习空间。”

孩子在学习双语过程中，可能出现双语混说的情况，这完全没有必要担心。也有的家长担心孩子学习双语，从而忘记用母语去和别人沟通，这更加不用担心。一个人生活在汉语环境里，绝对不会让自已忘记了汉语。

实际上，一个人的英语很好，这对他学习中文没有妨碍。民国时期的一些才子，比如徐志摩等人，他们英文写作水平一流，中文写作一样是一流，所以不用担心英语学好了，中文就不会了。因此，过早双语教育不是坏事。

附杰出华人经济学家张五常文章《我学英文的方法》

我学英文的方法

18年前我写了一篇题为“学英文的方法”的文章，被某英文老师见到，指我所言不依常规，不应捞过界，我不便发表。后来一些学子听到有该文的存在，多次要求发表，但文稿失去了，没有再写。

今天国内的学子再三要求，我想，不要管英文老师吧。为免被骂，题目加上一个“我”字。不是说无师自通，而是说我学英文的方法是自己发明的。说是自己发明，其实因为是中国人而发明。文字上，中文与英文完全是两回事。欧西的文字起于拉丁，是同宗，不能说是完全两回事。因此，炎黄子孙学英文的方法应该与欧西老外学英文的方法不同。当年我想出的学英文的方法，是集中于从中文与英文的重要的不同之处入手。

这里提出的是学写英文的方法，不是学讲英文的方法。自己的耳朵有问题，“讲”不足以教也。这里要谈的也不是考英文的方法。后者同学们要拜国内的新东方为师。我认识新东方的老板，欣赏他对学子的贡献。然而，写、讲、考是三回不同的事，各有各的学习佳法。这里要说的是中国人学写英文的方法，千万不要搞错。

学写，中文与英文有三处重要不同：字汇（vocabulary）、动词（verb）、造句（sentence structure）。让我在这三项上说说吧。记住，我的建议是从中、英的不同之处入手。

读书学字汇

英文难学主要是因为字汇难学。有三个原因。第一个原因是英文的字汇多。以一个知识分子常用的字而言，英文比中文多一倍至两倍，而翻译出来一个英文字大约译为两个中文字。中文是以单音字砌成的，以单字砌出变化，但很多英文字的单字是以字根砌成的。中文用字根（金字旁、水字旁之类）不多。字汇多的表达能力比较强，比较容易达意，但学起来就远为困难了。

1967年我认识了夏理·庄逊，那位以文笔流畅而发表文章最多的经济学者。我问他："夏理，怎样学好写英文呀？"他想也不想就响应："学字汇，学字汇！"其他什么也不说。这是英语文章高手的经验之谈了。

中国人学英文字汇的第二个困难，是除了名词外，英文字一般没有毫无差别的中文对译。例如，名词apple译作苹果是绝对的，但handsome、beautiful、pretty、gorgeous、neat等怎样译呢？这些都代表"好看"，英文的含意差别很大。我们往往要看上文下理才能肯定作者之意是什么。字汇多，无论形容词还是动词，英文看似是同义的字有微妙的差别，往往失之毫厘，谬以千里。所以英文有Use the right word in the right place这句格言。是的，翻英、中字典而英译中，译出来的文章一般不知所谓。除了名词，英文字大都要靠意会的。

试举一个英文字汇的微妙差别的例子吧。20多年前，我的一个读生物的外甥（今天是大名家了），写博士论文，其中两个实验的结果相近，但不肯定。他试用approximately、roughly等字来形容，都不称意。跑来问我这个舅父，我细读上文下理，建议用in the neighborhood，恰当。

第三个学英文字汇的困难，一般来说，是懂得一个字的解法与懂得怎样用一个字，是两回事。这与中文截然不同。中文字一般是懂得解就懂得用。英文是除了名词，懂一通常不懂二，而不懂得怎样用不算是懂。是的，你去考什么TOEFL、SAT、GRE等试，英文字汇那部分考100分，可能一句像样的英文也写不出来。

我学英文字汇的方法很简单，但要先假设你有香港英文中五毕业的水平，或TOEFL试可以考得580分左右。方法如下：

（一）准备一本英文字典，一本英中字典。要平装，小的、轻的，但字要大，要有清楚的拼音注释。如果是精装的，翻阅太重，要把硬封面剪掉。这是因为你要翻查很多很多，翻得不够快或不舒畅你就不愿意多翻。

（二）找几本你有兴趣读的项目的书，要英文写得很好的。这选书十分重要，你要多问朋友或英文老师来协助你的选择。以每页大约500字算

（也要选字大的版本），要选两三本，加起来大约600页。

（三）坐下来读书，一页一页地读下去，每个稍有不明的字要立刻查字典。千万不要以为一个字你惯见，以为是懂就不查。凡是稍有疑问的都要查，一丝不苟，直至你完全明白每一个字在一句之内的解法。不要骗自己。

（四）先查英语字典，清楚明白就不用查英中字典了。英中字典是英语字典不能尽释所疑才用的。

（五）千万不要在书页旁下注释。一个字查一次通常不会记得，再见该字时，稍有不明，要再查。稍有不明，同样的字出现一次查一次。一般来说，查三次至五次可以记清楚而又学懂一个字。

（六）清楚明白了一句，你要朗声读出来。不查自明之句不朗读，只朗读查过字典的。这是为什么有好的拼音注释字典的重要性。

上述的学英文字汇的方法，是学字的解法时一起学怎样用。同字在不同句之内往往有不同的意会，所以千万不要在书页旁下注释。不要把字意固定下来，一个不完全明白的字出现一次查字典一次，直至该字再出现时你不用再查为止。

我自己的经验，是这种彻底以明白文字内容为准则的查字的学字汇方法，开始时每页有20多个字要查，要用上多个小时才读完一页，但进境非常快。大约读了100页，每页要查的字下降至五六个，到了200页，每页只要查三几个。大约400页要查的字近于零，而600页就毕业了。

依照上述的学英文字汇的方法，假若你的天赋与记忆力是中等的话，我估计是400个小时可以毕业。每天集中地读读查查两个小时，不要多。

记住，名词不论，学英文字汇不是学中文的译法，而是学英文本身的意会。主要是学一个字怎样用。懂得用一定懂得解，但懂得解通常不懂得用。这是中国人学英文的一个重点，算是一个关键了。

再转谈中国人学英文动词与造句的方法，比较困难了。不是比较难学，而是比较不容易说得够详尽清楚。数之不尽的书籍教英文怎样用动词与怎样造句，是教老外怎样学的。很多很好的书籍可以参考，尤其是牛顿大学与芝加哥大学的一些经典规范。我特别喜欢的是E. P. White的一本名为“Elements of Style”的小书，30多年前再三读之，获益良多。

我没有资格与这些专家的经典之作一比高下。虽然这些经典是教鬼子佬的，炎黄子孙也应该读。我要说的是限于中、英截然不同，炎黄子孙学英文动词与造句有特别的困难，因而集中在两个不同文化的动词与造句的不同重点下笔。集中于重要的不同点，主要是协助懂得或善于写中文的转写英文转得比较容易。

两个简化学动词

中文的动词，字的本身没有时间性。我们要以附加字——曾、将、了等——来表达过去或将来。英文动词，字的本身有时间性——如加-ed或go、went、gone等。但英文又加上“完成式”——perfect tense——变化多了，使一些书本说英文的动词时态（tense）有9个或12个。太复杂了。

作为中国人，我学英文动词想出两个简化。其一是英文动词有过去，有现在，但没有将来。例如will与would、shall与should、may与might、can与could等，都是现在或过去，没有“将来”的。英语用动词是：现在说将来是现在，过去说将来是过去。

用英文动词，首先要决定的是说现在（present）、过去（past），还是“无所谓，二者皆可”。现在就用现在式，过去就用过去式，二者皆可任择其一，但凡是二者皆可的，选现在式是选了不变，选过去式也是选了不变，不可转来转去。这是说，二者皆可的，选其一之后，要stay in one tense。这是做文章引言或结论时的最佳处理，通常选简单现在式较简单过去式优胜。

除了现在或过去，英文动词有三类时态：简单（simple）、继续（continuous）与完成（perfect）。愚见以为，中国人写英文不要花拳绣腿，卖弄技巧，动词以简单为妙。可用简单现在（simple present，如I go）或简单过去（simple past，如I went），用之可也。事实上，简单动态的文字最有力，虽然有时“继续”与“完成”等动态是非用不可的。

继续时态是指加-ing，浅而明，不需要说了。但完成时态（perfect tense）不容易。我处理完成时态（have、had、has等）是用第二个简化，那就是完成时态有时度（time dimension），而这是中文动词没有的。英文的简单时态是一刹那（one instant of time），过去是过去，现在是现在，没有一段时期的时度；继续时态也是一刹那——过去或现在继续的一刹那，也没有时度。I forget是现在忘记，I forgot是以前忘记，I am forgetting是正在忘记，I have forgotten是从以前到现在之间的时度中忘记了——不知何时忘记而现在还忘记。

句子从简短造起

中国的文字传统是没有标点的。那是近于没有句子了。我们今天读古文是后人把一个圈一个圈加上去，把文字切断来读。这发展促成今天的中、英二文有不同的句子风格。用标点、分句、分段，中文没有英文那样讲究。很多中国人写英文，见到鬼佬那样“讲究”，就学人家转来转去，总是有点不像样。做本科生时我写的英文也是转来转去的，后来决定不求有功，但求无过，英文才开始像样。

重要的出发点是英文的长句是以短句串联起来的。英文学造句，首先要短句造得好。学造短句，每句的字越少越好，动词用简单时态，几个字，毫无花巧地直写，清楚明白，就来一个句号。这样考英文时作文一定不及格，但我的英文是这样学来的。今天，无论我的英文句子怎样长，其结构是以短句为基础，串联起来再加变化。有短句清楚直写的根底，串联起来也是清楚直写。没有花拳绣腿，有些人认为不到家，但我没有意图做文豪，不敢在钢线上跳舞，但求清楚明白，逻辑井然，读来通顺，只此而已。

以短句串连成长句很多书有教，教得好。标点重要，书本教得好。动词的位置书本也教得好。书本少教的是重要的字要放在句首或句末，尽可能不放在中间。分段的方法书本也教得好，少教的是一段的首句与尾句不应该太长，以短句起笔或收笔读来有力量感。不是明显的短，是要有短的力度感受。

我说过了，不管是中文还是英文，文章要讲文气，而文气最容易是从背诵前贤的大作学得。做学生时我喜欢背诵《圣经》中的《创世记》。兹录创世第一天的绝妙好文如下：

In the beginning God created the heaven and the earth. And the earth was without form， and void; and darkness was upon the face of the deep. And the Spirit of God moved upon the face of the waters. And God said， Let there be light: and there was light. And God saw the light， that it was good: and God divided the light from the darkness. And God called the light Day， and the darkness he called Night. And the evening and the morning were the first day.

读清楚了吗？文气如虹，都是短句，是直写，全用简单时态，and stay in one tense！这是最可取的英文基础了。

小　结

独立思考的品质，对于每个人的一生都是相当重要的。要是一个人拥有了独立思考的能力，那么他就会做到善于发现问题、分析问题，从而有了自己的独立见解。因此，父母从孩子小时候开始，就要做到重视孩子这方面的能力。

有专家说道："每个父母都要尽早培养孩子独立思考的能力：从生活上的事情开始，让孩子多动手，多参与；父母决定什么事情，也要多征求孩子的意见；孩子做错了事父母应进行引导，而不是告诉孩子如何去做；保护孩子的好奇心，鼓励孩子对未知的探索；孩子钻牛角尖时，让孩子学会多角度考虑问题等。"

对于父母来说，应该抓住各种机会来培养孩子独立思考的能力。比如，训练孩子的思路，引导孩子的好奇心等方面。总之，不要错过各种机会，这样是有利无弊的。

第七节

如何培养孩子的经济头脑

一直以来，很多父母都担心孩子过早接触金钱这个东西，会造成负面影响。因此，有很多父母想方设法阻止孩子学习经济学知识。实际上，让孩子从小就接触金钱，懂得经济效益，学会维护个人权利，这并不是一件坏事。陈志武教授说："通过与陈笛（女儿）的交流对话，也让我学到，经济学真的贴近人的天然本性，只要你对人、对社会有足够的敏感度并细心观察，即使像陈笛还没有学过经济学和其他社会科学，她照样能想到如何管理公司、领悟到不同商业模式的诀窍。"

用经济学故事教育孩子，不仅非常有趣味，并且能够起到很好的教育意义。同时，还可以培养孩子的时间观念，让他明白时间是有成本的。对于孩子来说，他也可以通过经济学原理懂得很多做人的道理。

如果你是父母，很抗拒孩子学习经济学的话，不妨认真看一下这一节。只要你耐心去阅读，或许你就会觉得孩子真的需要一些经济学知识，家长应培养孩子的经济头脑。

是否要给孩子教经济学？

中国有很多家长都认为，国学教育对孩子的个人修养和人格发育起到了良好作用。因此，有不少家长就让孩子背读《三字经》、《论语》、《中庸》等。这几年，关于读经的话题炒得很热，同时还有很多家长都认为这是最好的教育方式。实际上，所谓的“四书”“五经”，是没有多少孩子能够读懂的。

当年，我读小学时，学校要求我们背熟《三字经》等经书。说实在话，我一点兴趣都没有，但是被老师强制背熟，所以我被折磨得生不如死。当时，我生活的城市，中小学教师工资通常是两三百元，但是深圳的中小学教师却可以拿到一两千元，香港的中小学教师更是高达一两万元。我对这些问题有很大兴趣，可是却没有人给我解释这种现象。可以说，学校教育并不能提供我需要的知识，更多的是天天在不断说教式的教育。

我就读的那所小学，每个班级都负责一块绿化地。因此，我们学生要给自己班负责的那块绿化地浇水。全班就分为四个组，从而轮流给花草浇水。就这样，我们从学校水池那里提水给花草浇水。有的班级用班会费买水桶，有的班级却要求学生自带水桶。如今想起这件事情，却觉得学校领导很浑蛋。其实，在绿化地安装几个水龙头的成本并不高。先不说学生付出时间成本，仅仅提水而导致一年水桶损坏的成本就远远高于安装水龙头的费用。同时，提水过程经常弄湿衣服，特别是冬天时，很容易感冒。

学校经常教育我们舍己为校，却没有教育我们要懂得追求个人正当权利。关于是否背《三字经》，全国人大代表、湖北省美学学会会长彭富春认为：“对于现在有的学校、家长让孩子读背《三字经》、《弟子规》的做法，我持坚决反对意见。说严重点，我认为这是毒害青少年心灵！”同时，耶鲁大学教授陈志武认为："这些经典中包含的价值体系不一定适用于今天。如果你希望子女能够在现代社会、特别是西方社会生活，那么，应该做的恰恰是不让他们成为'儒家'人。"因此，陈志武教授觉得教给孩子经济学、金融学等方面的知识，可能更有利于孩子成长。

其实，中国家长喜欢给孩子灌输束缚个性的知识，却不让孩子学习经济学方面的东西。很多家长都担心孩子过早接触金钱这个东西，从而造成负面影响。实际上，让孩子从小就接触金钱，懂得经济效益，学会维护个人权利，并不是一件坏事。陈志武教授说："通过与陈笛（女儿）的交流对话，也让我学到，经济学真的贴近人的天然本性，只要你对人、对社会有足够的敏感度并细心观察，即使像陈笛还没有学过经济学和其他社会科学，她照样能想到如何管理公司、领悟到不同商业模式的诀窍。"

事实上，经济学一点都不高深，甚至浅得连几岁的孩子都可以明白。经济学就是研究选择的学问，任何成本都因选择而起。比如，家长给一个几岁的孩子10元，让他自己去买东西。我们就会提示他一下，要考虑自己需要什么东西再去买，否则花掉就没有机会买自己喜欢的东西。同时，我们也和他说，如果现在放弃10元消费的机会，存起来的话，明年就有11元。我们还可以和他继续讨论，说很多富翁就一点点把财富节约起来，从而做各种投资。

如果孩子不尊重长辈，我想很多家长都喜欢用说教方式去教育孩子。很多时候，家长就会套入"四书""五经"，但是我们可以换一种方式去教育孩子。我们可以和孩子说，如果对长辈无礼的话，那么就给长辈留下的印象不好。要是你对长辈无礼，但是别的孩子对长辈尊重的话，那么长辈就喜欢别的孩子，而不喜欢你。说到这里，我们就可以反问孩子，要是长辈有一个苹果，他是给自己喜欢的孩子，还是不喜欢的孩子？如果孩子说给他喜欢的孩子，那么就可以问孩子，他想不想要这个苹果。要是他说想要这个苹果，就问他应该怎样做。通过这种对话，就可以让孩子明白，不尊重长辈是有代价的。当然，可能也有的孩子会说，这个长辈表里不一，不值得尊重，所以宁可不要这个苹果，也不想出卖自己的良心。但是不管出现什么样的结果，起码让孩子明白自己做事情背后的成本。

对于孩子的教育，我觉得家长采取生动的经济学例子，这比纯粹的说教更有效果。有的家长在教育孩子时，就喜欢说大道理。比如，节约是中华民族的传统美德，我想孩子可能不会听得进去。我们可以和孩子说，节约是应付未来不确定性的一种方式。今天赚了100元，并不代表明天也可以赚100元，所以不能立刻花完了。要是今天留一点钱，即使明天赚不到钱，我们明天还有钱可花。

用经济学故事教育孩子，不仅非常有趣，并且能够起到很好的教育意义。同时，还可以培养孩子的时间观念，让他明白时间是有成本的。因此，是否要给孩子教经济学？我觉得还是很有必要的。

要教孩子购物知识

很多家长过于关心孩子的学习成绩，对孩子生活的知识关心过少。有的家长不仅没有教给孩子购物知识，反而抹杀了孩子学习购物知识的机会。孩子要买一支铅笔，都不可以自己去买，非要家长代劳不可。这样下去，孩子年龄很大了，结果什么东西都不会买。

有的家长担心孩子年龄小，买东西会被商家欺骗了，所以就不让孩子去买。如果孩子提出要自己去买东西，家长往往是反对，甚至还会教训孩子，骂孩子不要给父母添麻烦。有的孩子什么东西都不会买，反而成为某些家长表扬的对象。实际上，这种做法是非常错误的，并且对孩子产生了很多误导。

人生有很多东西都需要学习，购物知识也是如此。既然是这样，让孩子早一点接触购物知识并不是坏事。事实上，孩子学习购物知识并不影响读书成绩，更不会分散精力。很多家长都觉得孩子年龄还小，把买东西自主权交给孩子，总是有很多不放心。其实很多时候，家长的担心往往是多余的。

教给孩子购物知识，可以培养孩子的能力，让孩子尽早接触这个社会，绝对不是坏事。家长教孩子购物，不仅让孩子学习到很多知识，同时也能够培养孩子正确的消费观。孩子在买东西时，肯定会出错，但是家长不要对孩子进行责备，而是和他分析错误。孩子就可以慢慢地学习到很多东西，也掌握了消费的能力。

购物的能力体现，并不是仅仅把东西买回来，而是买的东西质量要好，价格要便宜。很多孩子买东西过于看重价格，经常把产品质量忽略了。有的东西看起来便宜，然而质量却不好，所以实际上真实价格是更贵了。要告诉孩子一些简单的道理，买东西不仅单纯比较价格，而是把质量等因素综合起来考虑。如果孩子买的东西出错了，就要耐心给他分析，告诉他错在什么地方，以后需要注意什么问题。要允许孩子犯错，否则就永远学不会。

孩子在买东西的过程中，家长可以给孩子提供一些建议。比如，孩子买书，家长就可以给一些建议，让孩子思考一下，买这本书有什么作用？价格方面，什么地方便宜？到实体书店购买，还是到网上购买？不过，话又说回来，很多家长并不懂得在网上购物，所以有时候还拜孩子为师。当然，网上购书也有风险，所以一定要找信誉好的网店。说实话，网上购书好处还是很多，价格方面不仅便宜，还可以送货上门。有时，如果仅仅为了买一本书，坐车到书店购买。这样一来，不仅花去坐车的钱，还浪费了很多时间，并且实体书店价格也比网上贵很多。以前，我也是跑去实体书店买书，一点折扣都没有。后来，我发现网上购书便宜，所以现在买书都是网购。因此，很多知识都是在实践中学习来的。

我觉得家长不要刻意剥夺孩子购物的权利，这对孩子的成长是没有好处的。当然，根据孩子的年龄不同，给予权利也不同，但是绝对不可以剥夺。刚开始，让孩子去购买一支铅笔，然后到购书，一步步地去做。只有给孩子机会，孩子才可以在购物过程中不断理性起来。

有的孩子，家长从来都不教给他买东西，结果等到他长大之后，连买东西的基本能力都没有。很多人长大之后，乱买东西，乱花钱，这和他小时候的成长经历也有一定的关系。让孩子从小学会精打细算，这绝对不是坏事。

从经济学角度看对孩子的赏罚

读小学时，如果考试不及格或者违反纪律，老师就会惩罚我们抄字。可以说，全班多数同学都不同程度被老师罚过抄字，好像只有班长等几位班干部没有被罚过。毕竟，我也是一个非班干部学生，自然就没有那么幸运。相对来说，我学习成绩还不是差得那么离谱，也不是每次考试分数都很差，所以被罚次数不多，并且被罚原因多数是课堂不遵守纪律或者不完成作业。

有一次，我偷懒而没有做作业，结果被班主任兼语文老师惩罚抄写课文。她就要求我们这些偷懒学生抄一篇课文很多遍，抄完才可以回家。刚开始，我还是比较认真抄写，但是看到大量任务还没有完成，就加快速度。不仅是书写潦草，同时中间还偷工减料，也就是有意漏掉一些内容。通常情况下，老师不会很认真检查的，所以基本上都可以蒙混过关。我有一些同学读书成绩真的很差，所以经常被老师惩罚抄写。有时，和我关系比较好的同学就和我说，我们是兄弟，能否帮他抄一些内容。其实，我这个人很爽快的，就答应了他的要求。要是老师认真检查的话，还是可以看出笔迹的，但是她从来没有发现过。

对于这种惩罚方式，老师解释就是希望通过惩罚而促使同学们努力学习。事实上，经过多年的实践，却没有真正成功过。这种罚抄字方式，年复一年，一届又一届学生，却不见老师拿出成功的案例来证明。我有一些同学读书成绩很差，但是却很聪明，什么做假方法都想得出来。比如，老师惩罚他抄字，他就找别人帮忙，而自己却在享受生活。

可以说，我读小学时是一个不爱学习的孩子。我就读的学校是全镇最好的小学，考试最好的成绩就是总分排在全班第二名，当然全班总分第一名是我们的班长。顺便说一下，我们这个班可不是只有两个人，而是有70人的。还有一次是学校搞的数学竞赛，我考了年级第三，全班第一。但是我的学习成绩大起大落，半个学期时间内，也就是两个月的时间内，我语文科最高分数是最低分数的两倍还要多。记得有一次，班主任兼任语文老师宣布对每一次测验分数在85分以上的同学进行奖励。当然，奖励经费不是她的钱，而是把学校退给我们的钱充公了。那次，我语文测验成绩好像是40多分，看到成绩好的同学上去拿奖品，自己内心很羡慕，就也开始努力学习。经过几次测验之后，我考到95分，以为自己可以拿奖品了，但是老师竟然不再搞奖励活动了。

记得那次学校搞的数学竞赛，我以73分名列全班第一名，第二名只是及格的边缘。有时，数学测验，班上最高分在98分~100分，我也是考了70多分而已。读初一时，我几乎都没有学习过，一次期中考试，我历史科考了16分。不过，我估计当年历史科考全班第一的那个同学，他现在对历史的了解可能不一定比得上我。读初二时，物理这个科让我产生了兴趣，再加上我物理老师对我很好，所以我就拼命学习物理。我对很多物理现象都很好奇，但是弄不明白，于是我就在交作业时写了一条纸张问物理老师。只要他懂得的话，都耐心给我解释，但是我有一次难倒他了，他也和我说他自己不懂。因此，我物理基本上都是考全班第一名。现在，我和初中物理老师还经常保持着联系。无聊时，我还出经济学题来考他，挺好玩的。不过，我现在已经把很多物理知识都归还给了他。

对于孩子的教育之道，到底是选择惩罚还是奖赏？经济学家张五常说很多年前读到一个故事，说到邓小平某天在朋友家中，孩子顽皮，朋友要罚孩子。邓小平却说："给他一粒糖果吧！"对此，张五常认为邓小平是懂经济的。张五常说："是的，要改变一个人的行为，通常有两种做法：其一是惩罚，其二是奖赏。如果成本相若，奖赏永远是较佳的选择。邓小平的例子，单从孩子的父亲来说，奖赏的成本是一粒糖果，惩罚的成本可能是零（例如罚企），可能是负值（例如罚扫地，对家庭有益），但也可能非常高（例如孩子不服气，放火烧屋）。当然，奖赏之法不能用于某些有损他人的行为上：例如打家劫舍，奖而赏之岂有不世界大乱之理？”

谈论到教育孩子这个问题，张五常认为教育之道是赏胜于罚。他说：“回头说教育孩子，要纠正行为，如果成本相若，奖赏一般胜于惩罚，因为效果是明显地前者胜于后者。因此，就算奖赏成本较高，往往还是较佳的选择。想当年，自己在国内及香港读中小学，没有得过什么奖赏，永远被罚，天天罚：罚企、罚留堂——对我来说，‘抄错字’是近于奖赏了。为什么炎黄子孙的教育喜欢罚、罚、罚呢？难道没有一个有邓小平先生的智能吗？不是的。我们的老师喜欢罚学生，因为老师自己的成本是零。”

其实，我学生时代和张五常教授有一些相似，也就是整天受惩罚。除了我父亲，我家人亲戚几乎不会鼓励我，而是老打压我。不过，我父亲在我几岁就去世了。我物理成绩之所以比较好，这和物理老师对我的鼓励有很大关系的。我之所以能够坚持写东西，湛江师范学院时任一位副校长给我帮助还是很大的。要不是他当时给我打气，或许我可能会放弃了，毕竟我那时很绝望的。

我之所以选择经济学道路，这和我在网上认识一位朋友有很大的关系。他是1985年县文科状元，就读专业是经济学。这些年以来，正是他在精神上鼓励，学问上给我指点，经济上给我很大的帮助。同时，我后来遇到很多好心人，他们给我帮助很大。现在，有很多读者在鼓励着我，因此我就这样坚持下来。比如，我凤凰博客有一篇文章，3天时间创下40万点击率。同时，还有多篇文章发表在国内知名报刊等。

可以说，中国家长在教育孩子方面，喜欢惩罚，却缺少鼓励。其实，鼓励是对孩子一种非常好的奖赏。当然，从经济学角度来看，奖赏的成本是比惩罚要高的。要说一些鼓励孩子的话，是需要用心思去想的。

很多父母都喜欢对孩子用严刑，这往往不是好方法。其实，很多人之所以得了抑郁症等精神疾病，这和家庭教育也有一定的关系。不要动不动就惩罚孩子，这是非常不好的，而是多点鼓励，尤其是孩子遇到困难时，更应该给他们多点鼓励。

好父母要懂得给孩子支付做家务工资

给孩子支付做家务工资，我想很多家长都不会认同这种做法。他们的理由往往认为这样做，家庭里就会充满太多的铜臭味道，从而对孩子的成长不利。事实上，很多中国家长都是觉得做家务是每个家庭成员的责任，但是用金钱来鼓励，只会让孩子变得唯利是图。

中国很多家长之所以反对给孩子支付做家务工资，这和中国长期缺乏自由主义基因有关。我们的文化经常提倡奉献精神，这种文化自然就会默默潜入家庭之中。很多时候，家长觉得要培养孩子对这个家庭有一种无私奉献的精神。要是孩子给这个家庭做一点家务都需要工资的话，就怕容易让孩子凡事与钱挂钩，最终沦为只能用金钱驱动、冷酷的拜金主义。

要知道，每个人都有天生的惰性。劳动本身并不是一种享受，而是人们的谋生手段。如果不是为了生计，我想没有人愿意冒着生命危险到矿井里工作。对于孩子来说，坐在沙发里看电视，这比做家务要舒服得多。家长要让孩子去做家务，方法有很多种，比如通过教育、激励、惩罚等方式。家长可以选择说教方式，不断教育孩子去做家务，但是这种效果往往是不理想的。道理很简单，我们天天说要对官员进行正确的人生观教育，但是教育来教育去，还是没有解决官员的腐败问题。当然，家长可以对孩子表扬，说他是一个乖孩子，把家务都做了。或许，一两次的表扬，孩子还觉得新鲜，但是别忘记经济学的边际效应递减原理，表扬多了，自然就没有效用了。

人力资源属于个人私产，所以每个人都是资本家。家长要想孩子积极去做家务，就必须要想办法去调动属于孩子个人的人力资源。如果孩子不愿意做家务，家长可以通过强制方式去让孩子做家务，但是他心里不乐意，就要花大量资源去监督他。北京大学国家发展研究院院长周其仁教授说："1977年，巴泽尔（Barzel）在美国《法律和经济学报》上发表的论文，提出奴隶经济中的一个有趣的问题。在奴隶制下，奴隶在法权上属于奴隶主，是其主人财产的一部分。因此奴隶主可以全权支配奴隶的劳动并拿走全部产出。但是，为什么在历史上有一部分奴隶不但积累了自己的私人财产，而且最后居然还'买'下了自己，从而成为自由民呢？巴泽尔发现，奴隶是一种'主动的财产'（full fledged property），不但会跑，而且事实上控制着他自己劳动努力的供给。奴隶主固然'有权'强制奴隶劳动，但由于奴隶'主动的财产'的特点，奴隶主要强制地调度奴隶的体力和劳动努力，即使支付极其高昂的'监控'（supervision）和'管制'（policing）的成本，也不能尽如其意。为了节约奴隶制的运转费用，一部分奴隶主不但只好善待奴隶，如福格尔（Fogel）发现的那样，而且只好实行定额制（quota），允许奴隶将超额部分归己，于是一些能干的奴隶因此拥有'自己'的私产，直到积累起足够的私家财富，最后有钱'赎买'自由身份。"

中国有很多家长舍得给孩子零花钱，却不愿意给孩子支付做家务的工资，这对孩子的成才是不利的。这就给孩子一种信号，反正想花钱的话，就想办法和家长索取就行了，而不是通过自己的劳动。很多时候，家长往往对孩子零用钱的用途进行审查，可以买什么东西，不可以买什么东西，这往往都有一个规定。因此，有一些聪明的孩子，就会想尽一切办法去弄出一些项目，然后说服家长审批通过。当然，家长很难做到每个项目都能够严格审查，所以就经常被孩子的项目骗去零花钱。

读小学时，我有很多同学就是通过各种立项骗取家长的零花钱。有的同学把作业本藏起来，就和家长说用完了，或者弄丢了，所以要钱买作业本。当时，通信并没有现在那么普及，所以有的同学就骗家长，说学校要交钱。由于信息不对称，家长就很难辨别真假，就容易上当。同时，虚报商品价格也是很多同学的做法。因此，他们的学习文具坏得很快。毕竟，坏了就有机会重新买，从而赚取"差价"。

我曾经看过一部电视剧，名字已经不记得了。说有一对夫妻，他们已经离婚了。女儿跟着妈妈在加拿大生活，女儿假期回到中国和父亲生活。她在加拿大生活时，她做每一份家务，她妈妈都会给她支付工资。她和父亲生活时，她做完家务之后，就向父亲要工资。可是他父亲却不肯给她，并且还骂她一顿。她父亲说，要是需要零花钱的话，直接和他要就行了，但是杜绝做家务要工资的现象。就这样，他们争吵起来，她反驳父亲，说通过个人劳动赚取，有什么不好。后来，在她后妈的劝说之下，她父亲才同意支付工资。这个电视剧，我没有看完，但是我觉得给孩子支付做家务工资，并不是一件坏事。

有的家长反对给孩子做家务工资，但是却任意给孩子零花钱。其实，这种做法就等于滋长了孩子不劳而获的心理。我觉得家长应该尽量少给孩子零花钱，而是鼓励他通过各种劳动去赚取。要让孩子从小就有一种劳动意识，从而让孩子明白，钱不是白白来的，而是需要通过辛苦劳动赚取的。如果家长经常无条件地给孩子钱，就让孩子觉得金钱来得很容易，自然就无法体会赚钱的辛苦。

给孩子支付做家务工资，就要根据孩子创造的价值而支付。不是孩子做家务，就要给他支付工资，而是要看他这个家务是否创造了价值。如果孩子打扫地板，并不是他打扫了，就要给他支付工资，而是看他打扫的效果如何。这样的话，就会让他明白，不是付出就有收获，而是自己的付出能够给别人创造价值。因此，这个工资可不能乱开，而是遵守一个市价原则。

可是有的家长为了鼓励孩子做家务，从而开出天价工资，这就等于变相给发孩子发钱。据媒体报道：“一名10岁的小男孩春节做家务，奶奶发5600元工资。奶奶称发工资可以培养孩子的劳动意识。”发工资确实有利于培养孩子的劳动意识，但是天价工资只能害了孩子。因为这个工资不是孩子真实的劳动价值，只能给他错误的信号，从而误导他认为赚钱很容易。

同时，家长给孩子发的工资，就应该尽量尊重孩子的选择权。我觉得家长不能一边给孩子发工资，一边废掉孩子手上货币的“功能”。为了培养理财的习惯，家长可以鼓励孩子把钱存起来。孩子的钱可以存到银行里，也可以存到家长那里，但是一定要给孩子利息。

我觉得好父母要懂得给孩子支付做家务工资，并且要做到不能侵犯孩子的财产。即使孩子有一天犯了很大的错误，但是也不能随意没收孩子通过劳动而获取的财产。因此，家长给孩子发工资的同时，也要尊重孩子的私产。

要让孩子学会节俭

随着人们生活水平的不断提高，对金钱的态度也有所改变。有一些家长因家庭富裕起来，就在花钱方面大手大脚，对孩子的勤俭节约方面教育也会忽略了。他们对孩子过于宠爱，甚至为了讨好孩子，让孩子任意浪费。

据《番禺日报》报道：“一学校的班主任王老师发现教室的垃圾篓里半截铅笔越来越多，有的只用了不到一半，而且是价格不菲的也越来越多。学生们多数不是用在学习上，而是没怎么用便丢弃了。其中，有很多信纸只写一面或只写了几个字就被扔掉！”

尽管铅笔价格很便宜，但是这种浪费行为却值得我们深思。本来，半截铅笔还可以继续使用下去，但是却把它丢掉，这是对资源的浪费。很多家长对这个问题并不重视，觉得就是几毛钱的铅笔而已，并不需要那么计较。实际上，这种想法是非常错误的，并且对孩子的教育是很有害处的。

虽然孩子现在丢掉的只是半截铅笔，但是这样的习惯养成之后，将来丢掉的可能是一个金块。很多富豪是非常懂得节约的，这也是他们成功的重要因素。他们在创业阶段，就学会了节约，把没有必要花的钱砍掉。如果不懂节约成本，那么生产的东西就比竞争对手高，就无法生存下去。

教会孩子学会节俭，这有利于孩子的成长。节俭并不是吝啬，而是学会合理利用资源，做到不浪费。有一些家庭经济条件不错，在消费方面也有一定的要求，这很正常。家庭有钱了，带着孩子到外面就餐时，点一些价格贵的也是合情理的。有的孩子到外面就餐时，就拼命点菜，却没有考虑这些菜是否吃得完。对于这种情况，有的家长只是为了讨孩子开心，所以就没有阻止。结果这些饭菜吃不完，就白白地被浪费掉了。

生活理财网说到一个案例，该案例是这样的："一对年轻的父母带着上小学的女儿去逛街。在路上看到一位老人正在卖报。年轻父亲突发奇想，从口袋里掏出10元钱交给女儿，让她去买10份报纸。孩子买回报纸，年轻夫妇又和女儿商量，让她按原价把报纸卖出去，看看要花多少时间才能卖完这10份报纸。孩子在父母的帮助下费了几个小时才把10份报纸卖出去。然后，父母让孩子去问卖报的老爷爷，卖出一份报纸能赚多少钱。孩子从老爷爷那里得知，卖一份报纸只能赚几分钱。她算了一笔账，花了这么长时间才挣了几毛钱。孩子领悟了父母的良苦用心，她主动对父母说：'爸爸、妈妈，我以后再也不会随便花钱了，挣钱太不容易了！'那对年轻父母是家庭教育的有心人。当然这个故事告诫大家特别是小朋友，父母的钱来之不易。"

社会上有一些人"以奢为荣，以俭为耻"，这是非常不好的社会风气。现在，很多孩子就受到这种不良风气的影响，从而形成攀比的心理。因此，家长要告诉孩子，关于节俭的价值和意义。具体来说，家长要从小事做起，处处培养孩子的节俭意识。

如何培养孩子的节俭意识，有人给出这样的建议。他认为："帮助孩子学会有计划地消费。如让孩子爱惜书本、文具，节约一张纸、一支铅笔、一块橡皮。不要给孩子买铅笔一大把，文具盒、书包好几个。父母要让孩子懂得，真正需要的时候才消费，才买新东西。克服孩子的攀比心理。比钱比物只能使孩子贪图安逸，失掉勤劳朴实的品质。因此，父母要教育孩子克服攀比心理，教孩子比学习、比劳动、比品德。"

要让孩子学会节俭，就应该从孩子小时候抓起。有的家长就是在孩子小时候，过于宠爱他，所以就造成他浪费的习惯。因此，家长要从小培养孩子的节俭意识。

愚公移山并不值得孩子学习

很多父母都喜欢给孩子讲述愚公移山的故事，并且鼓励孩子发扬这种精神。愚公移山的故事值得我们学习吗？对孩子有教育意义吗？很多时候，人们都是从正面来肯定这个故事，但是很少深入思考移山是否值得？

愚公家的门口有两座大山，一座叫太行山，一座叫王屋山，人们进进出出非常不方便。于是，愚公召集全家人说："这两座大山，挡住了咱们家的门口，咱们出门要走许多冤枉路。咱们不如全家出力，移走这两座大山，大家看怎么样？"这两座大山确实让愚公全家人走了许多冤枉路，但是移走这两座大山的代价更大，因此通过移山方式避免走冤枉路完全是得不偿失。

尽管山不会再增高，最终有一天会被挖平，但是凡事都有代价。子子孙孙都参与移山工程，那么也就意味着放弃了致富的机会。花大量的时间在移山方面，那么花在生产方面的时间就会减少。因此，为了实现目标而不惜一切代价，实际上是非常愚蠢的。

尽管通向彼岸的道路有很多条，但是最明智的做法就是选择代价最低的道路。如果搬家也可以解决问题，那么为何要执著移山？很多时候，我们只是追求坚持不懈的精神，却没有考虑到凡事都有代价。移走这两座大山的代价是什么？移走这两座大山的收益是什么？移山的成本是否高于预期的收益，这是值得愚公思考的问题。当别人都忙于生产的时候，愚公的子子孙孙都在忙于移山，结果耽误了生产，从而使子子孙孙贫穷下去。

为什么中国人勤劳而不富有？这是因为很多人走了愚公移山的道路，这就是"勤劳"对冲"制度成本"。如果选择"远走他乡"，那么就可以避免在移山方面的资源浪费。有些经济落后的山区，村庄里就那么几个人，政府还为此投入巨资修公路，甚至高速公路。政府这种“愚公移山”的行为是对资源的一种严重浪费，还不如帮助他们“远走他乡”。对于这个问题，著名经济学家樊刚曾经指出：“改变恶劣贫瘠的自然环境的成本是高昂的，相比之下，人们走出山区的代价是合算的。取消户口限制，加速劳动力的自由流动，是致富的有力手段。如果这样，在人们生活改善的同时，有些地区却变得更加贫穷，是可以预见的合理结果。”

理性的选择就是在各种可行的方案中选择达到既定目的成本最小的方案。因此，我们不能盲目选择愚公移山，而是应该冷静思考各种可行方案的成本。落后国家要发挥“后发优势”，就不能只顾着移山，而是要认真学习发达国家的经验。如果我们用“勤劳”对冲“制度成本”，那么将永远无法富有。

因此，父母首先要对愚公移山的行为有正确的认识，而不是蠢干。只有明白这个道理之后，我想才会更好地教育孩子，从而有利于孩子的成长。

让孩子明白讨价还价的原因

市场上，讨价还价是常见的现象，但是，是什么原因决定了这种讨价还价的行为呢？每当孩子问父母这个问题时，很多父母都回答不出来，或者胡说八道。对于父母来说，要想孩子多懂得一些经济学知识，那么自己就应该多学习。

博弈论的观点认为：生活在社会中的各方行为人，有共同的利益要寻求合作，同时他们对于如何合作以分配利益又有分歧，这就是讨价还价的境况。还有一些观点认为：经营者希望抬高商品价格，消费者希望买到便宜的商品，于是产生讨价还价的行为。其实这些解释看起来有一定的道理，并且容易让大众接受，但是却很难经得起推敲。

超市里的东西往往是明码标价的，不可以讨价还价，但是在街头买东西却可以讨价还价。为什么面对利益分配的分歧，有时可以选择讨价还价，有时却不可以？这是什么因素决定的？有人说，超市有规定不可以讨价还价，而街头却没有这种规定。这种说法没有错，但是这只是以事实解释事实，没有什么说服力。

为什么人们喜欢购买名牌产品？有虚荣心的因素，但是更多的是因为可以节省一笔考核费用。名牌产品可以向消费者发出信息：这种产品是可靠的。因此，形成品牌之后，能够卖出更贵的价格，这个价格就包含了信息价格在内。超市可以规定不可以讨价还价，但是那些在街头卖东西的，为什么不规定不可以讨价还价？我想，即便是街头商贩做了规定，消费者还是会讨价还价的。街头可以讨价还价，而在超市不可以，难道仅仅是规定的问题吗？熟客买东西，一般不怎么会讨价还价，但是生客却喜欢讨价还价。“欺负生客”这又该如何解释？　难道是商人奸诈吗？为什么生客买东西要比熟客要贵？是什么原因造成这种价格差别？因为如果是生客的话，除了讨价还价，还要花费很多时间在产品考核上。而熟客不仅没有问价钱，甚至连考核商品这一步也省了。拿买鸡蛋来说，如果在一个人那里买几次鸡蛋，发现他的鸡蛋质量没问题，价格合理，那么以后就选择在他那里买鸡蛋。这是什么原因？就是经过几次考核之后，觉得这个人产品可靠，没什么问题，继续买他的鸡蛋就可以节省一笔考核费用。

回到市场上的讨价还价，人们讨价还价无非就是要获取一些信息。一个商人出售某种商品的底价是50元，但是他可能要价80元，甚至100元以上。作为消费者，希望能够以比较低的价格购买商品，可是这个价格不能低于对方的底线。事实上，双方都无法知道对方的底线在什么地方，都会刻意隐藏一些信息。于是，他们希望通过讨价还价的方式获取一些信息，从而成为有利的一方。如果卖方知道买方给出的底价是100元，那么即使他的底价是50元，他也会尽量以100元卖出去。由于现实中市场信息是不对称的，因此谁能够获取对方的信息越多，谁就越容易实现自己的利益最大化。

其实，市场上讨价还价并不是分配利益有分歧，商人贪婪或者消费者贪得无厌，而是信息有价。任何一方都故意隐瞒信息，这使信息本身就有了价格。古董市场上，我们为什么要花钱请专家做鉴定？实际上，这就说明考核产品需要费用，获取信息是有代价的。

市场上讨价还价的原因就是信息有价。在这里，我引用一句话来解释——明天的报纸，很多人都愿意用高价购买，可昨天的报纸呢？因此，我觉得运用所谓博弈论解释讨价还价，完全是不着边际的。实际上，只要记住信息有价，就能明白市场上的讨价还价。

告诉孩子宽容的经济学

忍一时风平浪静，退一步海阔天空。宽容，是一种人生态度，它叫我们用一种大度的心态来看待这个世界。当然，并非所有人都能够选择宽容，有的人就是为了一些小事而争吵。他觉得选择宽容，就是自己吃亏了，因此非要计较不可。事实上，不想吃小亏的人，往往吃大亏。经济学上的理性人假设，就是每个人都追求自身利益最大化。然而，一点点利益都不放过的人，怎么能实现自身利益最大化？

谈论宽容时，人们往往有一种错觉，认为宽容是高尚的词语，处处考虑自己利益的人一定不会懂得宽容。但是从经济学上看，“宽容”和“自私”却有共性。一个自私的人，怎么可能懂得宽容别人？其实，理解这点并不是很难。亚当·斯密在《国富论》中说过，“我们的晚餐并非来自屠宰商、酿酒师和面包师的恩惠，而是来自对自身利益的关切”。因此，宽容并非仅仅是为了维护对方的利益，也是对自身利益的关注。

要知道，我们要面临的是一个交易费用不为零的真实世界。尽管学界对交易费用的定义还有很多争议，但这在社会中是不可避免的。产品生产出来，并非立刻就可以转到消费者手上。要让产品从生产者转移到消费者那里，是一件相当困难的事情。为了完成这个交易而发生的费用就是交易费用。道理很简单，别人踩到你的脚，让你承受脚痛的成本。既然是对方造成你的成本增加了，理所当然要求对方承担。这个观点本身没有错，但是索赔过程也需要费用。如果对方把你的脚踩得非常严重，需要住院治疗，这种情况下，要求对方赔偿是必要的。但问题是，如果情况非常轻微，要求对方道歉就可以了。可是对方却不肯道歉，甚至还理直气壮。面对这种情况，有的人就算了，选择宽容对方，当然也有人非计较不可，互不让步，引起争吵。

实际上，即使能够让对方道歉，又如何？极端情况就是，为一个道歉而付出的交易费用可能是生命。因此，为了一点小事而付出这么高的交易费用，往往是得不偿失。真正聪明的人，就明白这个道理。为了鸡毛蒜皮的利益付出巨大的成本，是亏本生意，还不如选择算了吧，宽容对方的行为。从某种意义上说，真正懂得算计利益的人，这个人一定懂得宽容别人。一个处处为鸡毛蒜皮的小事而计较的人，他的生活成本是非常高的。他可能今天为这事和别人吵架，明天又为那事和别人吵架。本来，他可以把时间投入在做正事上，却被他的斤斤计较浪费了。

我所生活的小镇，经济很落后（当然，经济落后的原因是多方面的）。我发现镇上的人普遍不够宽容，经常为了一些鸡毛蒜皮的事情发生纠纷。如果别人不小心踩到他的脚，他根本就不懂得宽容，会和对方打起架来。一些商人，如果顾客在讨价还价时开出的价格过低，他就会觉得顾客是存心捣乱，甚至觉得是对他人格的一种侮辱，不一会儿就和对方争吵起来。如果懂得宽容，交易费用不知可以降低多少。张五常说过，交易费用越高，人就越穷，交易费用降低一点点，人民财富就会增加很多。

相信通过学习经济学，你会觉得自己也比以前更懂得宽容别人，这并非是说你的思想觉悟高了，而是你会发现选择宽容比不宽容更加合算。当然，所谓的宽容并非是无边界的，当宽容的成本比不宽容的成本更高时，宽容就不再是理性行为了。因此，只要宽容成本没有超过这个界限，就应该坚持宽容。

从经济学看狼来了的故事

我在上幼稚园时，长辈就给我讲过狼来了的故事。讲完这个故事，他们就对我进行说教式的教育，告诉我做人一定要诚实，不可以说谎，否则自己就会吃亏。现在，我觉得他们对这个故事的洞察力远远不够，仅仅处于浅入浅出的说教。

这个故事讲述一个小牧童，每天赶着羊群到山顶去放羊。那时候，没有手机、没有网络，他就无法上QQ和朋友聊天，所以在山顶放羊的过程中就觉得很郁闷。既然无法上网聊天，也没有机会玩偷菜游戏，所以他想出戏弄村民的恶作剧。就这样，他喊出狼来了。村民听到之后，拿起锄头等工具，赶到山顶。他们没有看到狼，却看到小牧童在开心笑着。这些村民都傻了，原来自己被戏弄了。村民就教育这个小牧童，叫他不可以说谎，同时他也答应了。可是想不到，这个小牧童还是继续戏弄村民，又一次喊出狼来了。这一次，村民信以为真，所以又被骗了。有一天狼真的来了，他拼命地叫喊，村民们却没有一个来，结果他付出沉重的代价。

现在，还有很多家长拿这个故事来教育孩子，叫孩子不要说谎，否则下场就和这个小牧童一样。这种解读方式过于教条，孩子理解起来很不容易。实际上，这个故事有很多启发人的地方，但是极少家长能够发现。为什么小牧童第一次喊狼来了，村民都赶到山顶？村民之所以赶来，那是他们对小牧童产生信任。毕竟，小牧童以前没有戏弄过他们，所以对小牧童的印象还是正面的。小牧童得到村民的信任，这是一种资产。可是小牧童为了戏弄村民的快乐，从而透支了自己的信用资产。虽然他第二次喊狼来了，村民还是赶上来，这就说明个人信用还没有透支完，然而他一点都不懂得珍惜，继续透支下去，结果就没有人再相信他了。这时候，狼真的来了，村民无法在山下判断这个信息，所以只能从小牧童那里获取信息，但是个人信用透支完了，自然就没有人再相信他。

尽管小牧童在戏弄村民这个过程中，获得一定的快乐，但是却把个人信用透支完了，所以最终代价是很沉重的。从经济学角度来看这个故事，我们就应该明白一个道理，不要为了当前一点好处，就把个人无形资产透支完了。因此，有的人借钱不还，但是这种小利却把个人无形资产都透支掉了，完全是得不偿失。从表面上看来，喊出来狼来了的成本很低，就可以达到戏弄的效果，但是他却没有想到，这个成本就是个人信用。

当然，我们现在看到情况就是，很多小牧童即使喊了很多次狼来了，但是村民还是赶上来。出现这种情况，主要就是村民不断变化，所以小牧童总可以不断地戏弄新来的村民。因此，昨天被骗的村民无法告知新来的村民，新村民自然就会受骗。这个道理很简单，一个小村庄就是一千或者几百人，大家都彼此认识，并且要在这个地方生活一辈子。要是欺骗别人，大家很快都知道了，那么以后就很难混下去。要是在大城市生活，情况就不同了。反正有很多的人可以欺骗的，并且也不会担心混不下去。

因此，狼来了的故事，也要面临不同的约束条件。我们可以信息公开，告知所有村民，这个小牧童喜欢说谎，大家都不要相信他的话。从经济学的角度来看，狼来了的故事也可以做到与时俱进。如果他今天是最后一次放羊，即使他戏弄了村民，也不担心什么后果。博能集团副总裁徐昌生说："从经济学的角度看，道德的产生来自对未来利益的预期，倘使一个人对未来的利益没有信心，短期行为必定相伴相生。"

狼来了的故事里面有很多学问，但是很多家长在给孩子讲解时，往往过于僵化。要知道，面临不同的约束条件，说谎的成本也是不同的。其实，这个故事还包含着品牌现象、百年老店的哲理。因此，要从多个角度解读这个故事。

从抢电视频道说起

有一个家庭，弟弟和两个姐姐抢电视频道，弟弟要看A频道，两个姐姐却要看B频道。这个时候，妈妈就出来骂弟弟，说他太自私了，应该让两个姐姐看。弟弟面对妈妈的批评，却是很不服气，于是就对妈妈说，凭什么一个人的自私就要服从两个人的自私？实际上，弟弟的话并不是没有道理。这也就是说，既然大家都是自私的，但是仅仅因对方自私人数多一点，就可以剥夺少数人的自私吗？

很多家长处理这些问题时，可能和故事里的妈妈一样。有一些人思维之中总觉得少数人的自私是可耻的，多数人的自私就不再是自私了。家庭有一台电视，三个孩子都要抢电视频道，这里就肯定有矛盾产生。三个孩子要看两个频道，两个姐姐都是看同一个频道，那么弟弟就被孤立起来。如果每次两个姐姐都要看相同的频道，弟弟喜欢看另外一个频道，那么有什么方法来解决？其实，我们可以让家长说了算，可以民主投票，也可以投钞票竞拍电视频道。

妈妈说这个电视频道要给弟弟看，或者给两个姐姐看，这是种专制家长式的做法。这个故事里，弟弟并不服从妈妈的安排，那么家长的权威就起不到真正的效果。同时，妈妈也可以把权力放到孩子那里，采取民主方式解决。事实上，我们不要迷信民主，民主过程也会侵犯私有产权。要是两个姐姐偏好都是一样，弟弟偏好和姐姐不同，那么采取投票方式解决，就会发现一个问题，弟弟永远处于不利位置。从这件事情来看，投票出现的结果就是永远多数人剥夺少数人的权利。

一个人的自私服从两个人的自私，这自然是不对的，但是两个人的自私服从一个人的自私，这一样是不对的。实际上，不管弟弟还是姐姐都有权利看电视，如何解决彼此的矛盾，这是问题的关键。其实，我觉得家长可以采取类似市场方式去解决。家长可以派给孩子看电视凭证，要是出现冲突时，可以采取价高者得的原则。

很多时候，有的家长过于崇拜民主，结果造成孩子之间有不公平的待遇。对于家庭教育来说，抢电视频道看起来是一件很小的事情，却包含着很多学问。当然，很多家庭都是独生子女，或许没有兄弟姐妹来抢这个电视频道，但是生活中还会遇到很多这样的问题。

当然，每个家长的教育方式都不同，也有自身的特点。有时候，经过家长协调之后，抢电视频道就解决了，也没有那么复杂。在这里，说这个案例，就是让家长知道一点，不能强迫一个人的自私去服从两个人的自私，那是一种权利的侵犯。

不管是一个家庭，还是一个社会，都应该尊重少数人的“自私”。尽管他们是极少数，但是只要他们的利益是正当的，都应该得到保护。因此，家长在家庭教育之中，应该尽量做到这一点。

孔融让梨的故事并不值得学习

孔融让梨的故事，我想很多人都不会陌生。该故事说道：有一天，孔融的父亲带了一盘梨子，父亲叫孔融他们七兄弟从最小的小弟开始自己挑，小弟首先挑走了一个最大的，而孔融拣了一个最小的梨子说：“我年纪小，应该吃小的梨，剩下的大梨就给哥哥们吧。”父亲听后十分惊喜，又问：“那弟弟也比你小啊？”孔融说：“因为我是哥哥，弟弟比我小，所以我也应该让着他。”孔融让梨的故事，很快传遍了曲阜，并且一直流传下来，也成为很多父母教育子女的例子。

一直以来，孔融让梨的故事往往都是得到正面评价。有评论认为：“这个故事告诉人们，凡事应该懂得谦让的礼仪。这些都是年幼时就应该知道的道德常识。古人对道德常识非常重视。道德常识是启蒙教育的基本内容，融于日常生活、学习的方方面面。”

曾经有一位老师把孔融让梨的故事告诉学生，多数学生都说要向孔融学习，但是有一名学生却语出惊人。这位学生认为：“如果孔融不让梨，他的哥哥们会揍他。这是他不得已的选择。也许在他哥哥们的眼里，他这不是谦让，而是一种屈服。”

很多人只知道孔融让梨的事情，却不知道后来的事情，所以认为孔融是一个很懂事的好孩子，但是实际并不是这样。当时，孔融把大的梨子给了哥哥和弟弟，就有人说：“小小年纪，竟有如此城府。”果然被说对了，孔融年龄稍大后，竟然抛妻弃子，落得个众叛亲离的下场。

这是一位叫约翰的美国成功人士讲述的故事，他说道：“小时候，有一天妈妈拿来几个大小不同的苹果，我和弟弟们都抢着要大的。妈妈把那个最红、最大的苹果举在手中，对我们说：‘孩子们，这个苹果最红、最大、最好吃，你们都有权利得到它，但大苹果只有一个，怎么办呢？现在咱们做个比赛，我把门前的草坪分成3块，你们3人一人一块把它修剪好，谁干得最快、最好，谁就有权得到它。’结果我干得最好，就赢得了最大的苹果。”

中国的“孔融让梨”和美国的“约翰争梨”，哪个故事更有教育意义？我想这个对于问题有很多争论，但是我觉得“约翰争梨”更符合人性。其实，争取要最大的那个梨并没有错，这是个人的正当追求，问题的关键是用什么手段去获得。“约翰争梨”的故事，他是明争的，是光明正大去争取自己的利益。他是通过竞争方式获取，而不是小人之计。

中国文化提倡“让梨”，美国文化提倡“争梨”，但是“争梨”就不见得比“让梨”要坏。实际上，很多人表面看起来是“让梨”，暗中却是“争梨”。可以说，人的欲望都是无限的，所以想着最大的那个梨是很正常的。因此，如果这最大的梨是属于自己的话，那么就应该勇敢去拿。

有一个故事，说到有两个苹果，哥哥就让弟弟先挑，结果弟弟就挑大的。哥哥看到弟弟把大的挑了，心里很不高兴，就对弟弟说，要是他的话，肯定会挑小的。弟弟得意地回答，说把小的留给他，不是正好符合他的心愿吗？对于这个故事，我觉得弟弟选择最大的，并没有错。既然哥哥给他选择的权利，那么他就有权利追求个人利益最大化。

其实，我觉得孔融让梨的理由，并不是他自己年纪小，所以就应该吃最小的梨。我想这个并不是他让梨的真正原因，起码不符合人性。当然，真正的原因是什么，这个不好猜测。同时，这个社会需要的并不是让梨的精神，而是一种正当竞争的理念。因此，孔融让梨的故事不值得学习。

小　结

事实上，经济学一点都不高深，甚至浅得连几岁的孩子都可以明白。经济学就是研究选择的学问，任何成本都因选择而引起。比如，家长给一个几岁的孩子10元钱，让他自己去买东西。我们就会提示他一下，要考虑自己需要什么东西再去买，否则花掉就没有机会买自己喜欢的东西。

我们通过让孩子学习经济学，可以让他知道说谎的代价在什么地方、孔融让梨的原因等。这样的话，就可以让孩子变得更聪明。同时，也可以培养孩子的契约精神，让孩子形成一种良好的品德。

狼来了的故事里面包含的经济学问，其实就是品牌现象、百年老店的哲理。说谎就等于透支自己的信用，结果导致没人相信自己。因此，让孩子学习一点经济学，应该是不错的选择。

第八节
培养孩子的决策能力

事实上，有很多父母在教育孩子时，喜欢采取计划经济模式。也就说，不管孩子做什么事情，都要在父母的安排下来进行。在这种制度安排下，孩子就没有决策权。我们都知道，孩子有一天也要长大，始终都要面临个人做决策的时候。

如果父母过多干预孩子，那么孩子就不可能有自己的决策能力。很多时候，父母总是觉得自己是为了孩子好，从而做出这样的决定。有一些家长的观点认为，只要经过科学的计划，孩子的前途就一定会美好。实际上，这种所谓的科学安排，信息是完全不对称的。事实上，家长并没有真正了解孩子的实际情况，更不可能知道孩子的优势在什么地方。

既然计划经济已经证明是失败的，那么父母干预孩子，替孩子做决策，必然也会面临失败。要是这样的话，不仅破坏了孩子的幸福，还让孩子丧失了决策能力。因此，这种后果将是很严重的，不信的话，请阅读本章的讲解。

不要对孩子实施计划经济

有的家长对孩子的教育，采取的往往是一种计划经济模式。对于孩子的事情，什么都要管，一切都要服从家长的指令。很多时候，孩子并没有选择权。很多事情，都是在家长的安排下进行。

有的孩子从生活到学习，都被家长安排好了，甚至今晚要做多少道题目，也在家长安排之中。有一些家长的观点认为，只要经过科学的计划，孩子的前途就一定会美好。实际上，这种所谓的科学安排，信息是完全不对称的。事实上，家长并没有真正了解孩子的实际情况，更不可能知道孩子的优势在什么地方。

很多家长给孩子做计划，完全出自对于计划经济的崇拜。因此，家长这些做法就好比政府干预经济一样。很多地方政府，都希望发展高科技、高附加值的产业，并且想尽一切办法淘汰眼中的落后产业。于是出台一系列产业政策，扶持什么产业，淘汰什么产业，从而实现所谓的产业升级。政府总是理所当然认为，只要实现了产业升级，发展高端产业，这个地方的经济质量就会得到提升。道理也是一样，有的家长觉得安排孩子挑战那些难题，攻克难关就可以成才，这是一种误解。

事实上，市场在组织试验方面比政府的能力高超得多，市场试验经济组织的能力也比政府和经济学家要高超得多。市场包含的信息非常多，这是任何天才都不可以预测的。这种情况下，正确的做法就是让企业家做试验，从而在不断纠错之中找到正确的方向。因此，这个政府性格的家长，并不能真正掌握孩子的真实信息，也不能知道孩子如何才会成功。人家孩子成绩好，并不是人家做的计划科学，而是由很多因素决定的。

一个经济落后地区，如果刻意模仿发达地区的产业结构，必然会失败的。这两个地区市场包含信息内容不同，从而产业结构不同，但是一旦政府主导推行，市场就会对这种产业进行惩罚。要在落后地区发展高端产业，注定是失败的。发展高端产业需要人才，产品出来需要市场需求。这两者都没有具备时，最终只能失败。对于家庭教育来说，也是如此。家长要尊重孩子的计划，尊重孩子的实际，而不是什么东西都替孩子安排好了。

如果今晚孩子弄不懂物理题，想花多一点时间在物理上，这就是孩子的实际。这个时候，家长就应该尊重孩子。当然，生活方面的安排也应如此。我看到极端行为就是，孩子到同学家做客，都必须写个申请，还必须得到审批。要是这个家庭有这么多烦琐的行政，即使孩子成功了，也是短暂的。

因此，家长千万不要对孩子实施计划经济，要懂得放权给孩子，这样才是最好的选择。所谓的计划经济，并不是说计划多少，而是计划的主体是谁。对于家庭教育来说，家长把做计划的权利交给孩子，这对孩子的健康成长有利。

电子游戏并不能开发智力

很多人把电子游戏视为洪水猛兽，有如过街老鼠一般，欲除之而后快，甚至把电子游戏比喻成为电子海洛因。作为一种放松，偶尔玩玩电子游戏，问题不大，但是如果长期沉迷在电子游戏之中，那是有害的。同时也有些家长认为，电子游戏可以开发智力或者思维，其实这种想法是错误的。

经济学家张五常认为：“电子游戏有两个大问题。其一是这种游戏完全用不着想象力。无论变化怎样复杂，电子游戏提供的是固定的图案程序，思考或想象用不上。回想昔日逃学去钓鱼，我研究潮水与不同鱼别的品性，想出各种钓法。结果是太古船坞二号牌对开的黑鲉差不多被我一个人钓精光，一举成名，被誉为筲箕湾四大鱼王之一。电子游戏的第二个问题，是没有作品拿出来。昔日放风筝，以玻璃线把他人的风筝线弄断，是我尝试过的最刺激的游戏。”

正因为这样，电子游戏无法培养孩子的想象力，毕竟那种游戏有固定图案，而且不是孩子自己设计出来的。孩子在玩游戏的过程中并非需要什么思考，只要能够按照这种固定模式去反复训练所谓的技能就可以。

其实不仅是电子游戏对孩子的不良影响，而且凡是有固定图案的，并且不是孩子自己设计出来的游戏，都应该尽量少玩。一项游戏是否值得孩子去玩，起码是要让孩子在玩游戏的过程中有自己的想象，用自己的思考而加以改进的。譬如放风筝、弹珠子、钓鱼、下象棋、乒乓球等游戏，都可以促进孩子的思维能力。虽然这些都是原始玩意儿，但是说不定可以培养出孩子的发明能力。举例说，著名华人经济学家张五常，他在大约14岁时，家在香港西湾河的山头，他在山上找到一只鸟蛋，自己用暖气孵出小鸟，细心养大后，该鸟到处觅食，听到他的口哨会飞回来，站到他的肩上。

针对游戏的危害，经学家张五常有了自己的一些看法。他认为："儿童是要玩耍的。因为玩耍而荒废了学业有点那个，但只要玩耍时不断用脑思想，荒废其实不多，甚至得可偿失。电子游戏有什么思想可言呢？设计电子游戏的人当然要用脑，但玩该游戏的只凭死记，凭熟练，不需要想。这些年来香港学生的语文水平，无论中或英，皆如长江日下。电子游戏玩得多当然浪费了语文的学习时间。但语文要用想象力，其练习需要有作品。电子游戏与语文格格不入，是以为难也。”

不可以否认，孩子是喜欢沉迷在电子游戏中，作为家长不仅要把这些玩电子游戏有害的道理告诉孩子，而且更为重要的是为孩子寻找电子游戏替代品，也就是说让孩子玩放风筝等原始玩意儿而替代电子游戏。

能否给女儿制定最低幸福标准?

年轻人要结婚的时候，来自丈母娘的压力，导致男方筹钱买房。因此，有人戏称丈母娘推高房价。可以说，丈母娘这种买房要求确实是一种普遍现象。很多人对丈母娘这种做法表示理解，无非就是为了保证女儿幸福。因此，丈母娘为了女儿将来的幸福，从而推出五花八门的最低幸福标准。

有的丈母娘真是用心良苦，不仅推出最低幸福标准，并且还很严格执行。本来，两个人很相爱，日子过得很幸福，但是准女婿却没有达到丈母娘制定的最低幸福标准，从而被否决了。很多丈母娘都认为，跟着一个穷光蛋过日子是没有什么幸福的，跟着那些有房有车的男人过日子才是幸福的。因此，“聪明”的丈母娘为了避免未来女婿是一个穷光蛋，从而创造了最低幸福标准法。

最低幸福标准能否成为增加女儿婚姻幸福的砝码？很多丈母娘深信不疑。人们可以把很多东西想得很美好，但是真实世界却是残酷的。自我感觉良好，并不代表别人就认可。正常情况下，嫁给有钱人比穷光蛋要幸福，这道理谁都懂。这就好比一个月收入一万元比一千元要幸福，并不是人们不喜欢月收入一万元，而是没有这个能力。婚姻市场也是如此，并不是每个女性都可以嫁给有钱人。要让自己顺利嫁出去，就必须正确认识到自己的价值。很多时候，丈母娘总是强调女婿的条件，要求对方非常的苛刻，但是却从来没有认真思考，自己女儿的价值在哪里？她们总是理所当然地认为，自己的女儿是千金小姐，是皇帝的女儿，不愁嫁不出去。这些丈母娘从来没有想过，在挑选别人的同时，人家也在挑选自己的女儿。

如果这个最低幸福标准低于市场出清价格，就是多余的、没有任何意义的。相反，如果这个最低幸福标准过高，必然导致女儿择偶困难。

我们不怀疑丈母娘的出发点是好的，但是如果对女婿要求过高，女儿就可能沦落为剩女。很多时候，美好的愿望，这可能就是通向地狱之路。一块普通面包，一两元就可以买到，但是商家为何不把价格提到十元以上，甚至更高。其实，他们明白一个道理，尽管自己有定价权，但是最终还是需要得到消费者的认可。如果消费者不给你投钞票，想卖多少钱都没有用。这些道理，很多丈母娘都是明白的，然而到了女儿的婚姻问题上，却糊涂起来。

一些丈母娘看到自己女儿没有嫁出去，不仅没有做深刻的反思，而是埋怨那些男人没有眼光，不懂欣赏自己的女儿。似乎给人的感觉就是，这个世界对自己女儿实在太不公平了。从来没有想过，婚姻市场竞争也很激烈，傲慢只能导致自己成为输家。我觉得作为丈母娘，应该清楚明白，不是给女儿制定了最低幸福标准，就可以保证了女儿终身幸福。

剩女现象就说明很多女性没有正确定位自己，高估了自己，当然也有丈母娘的功劳所在。婚姻的意义无非就是两家公司合并，目标就是为了能够使资源得到更合理的配置，从而产生更大的效益。很多男人想结婚，无非就是希望自己能够过得更加幸福。如果这个丈母娘提出的条件过高，要求有房有车，以及多少钱的聘礼，把这个准女婿压得喘不过气来，那么他可能一走了之。不要想象自己女儿是独家供应，没有竞争对手，实际上这个婚姻市场是充满竞争的。提高价格就等于向对手发出邀请函，给对手创造机会。

丈母娘推出最低幸福标准，并没有保证了女儿幸福，反而剥夺了女儿寻找幸福的机会。经济学常识告诉我们，在没有强迫的前提下，对交易双方都有利。丈母娘这种做法就增加了婚姻交易成本，导致双方交易发生困难。著名经济学家张五常说过的，交易成本越高，人就越穷，交易成本降低一点点，人民生活就会快乐很多。因此，只要婚姻交易成本降低一点点，两个年轻人就会幸福很多。

要保证女儿的幸福，正确的做法就是取消最低幸福标准。在没有管制的情况下，女儿就有更多选择空间。道理很简单，选择越多，收益越大。

丈母娘的最低幸福标准，本质就是对女儿婚姻自由的一种干预，从而导致高不成，低不就，错过了婚姻的黄金时间。

因此，各种版本的丈母娘，都应该明白一个道理，最低幸福标准并没有能够达到预期效果。还是那句话，真正的幸福要从放弃管制思想，从接受自由主义思想开始。

要懂得多和孩子商量

中国有很多家长，做什么事情都不愿意和孩子商量。他们往往都是觉得孩子年龄小，所以就不用和孩子商量。家庭里的很多事情，家长通常都不让孩子参与讨论，甚至孩子自己的事情，家长都会替孩子做主了。

尽管孩子没有经济收入来源，但也是家庭成员，所以不能排斥出去。有的家长思维就是，这是大人的事情，轮不到小孩说话。比如，家里打算买一台电风扇。其实，作为家长也可以征求孩子的意见，让孩子参与讨论。家长可以列举各种电风扇的功能、功率、价格等方面的东西告诉孩子，然后问孩子买什么电风扇实惠？这个时候，孩子就会发言，提出自己的想法。针对孩子提出的方案，家长可以和孩子解释，肯定合理成分和否定不足的地方。比如，孩子说买某种电风扇耗电量少，寿命又长，却忽略了价格因素，这时候家长就提醒一下孩子，这个电风扇确实是好的，可是价格太贵。如果家里要买空调，新的空调需要两三千元，二手空调只需要几百元就行。这个时候，家长问孩子买一手的，还是二手的。孩子可能就会说，买二手的，理由是便宜。家长可以和孩子说，二手的空调价格很便宜，但是耗电比一手要多得多，比如一个小时多支付5毛钱的电。孩子听到家长这样说之后，就会进行计算。要是每天使用10个小时，就要多出5元，一个月就是150元，那么一年时间就差不多抵消这个差价了。算了这个数，孩子就会觉得买一手的空调合算。

很多时候，家长往往忽略了孩子的想法，甚至不给孩子发表自己想法的机会。很多家长都觉得他是一个小孩，什么事情都不懂，所以没有必要和他商量。有的家长带孩子去买书包，孩子喜欢的书包，家长却不喜欢，最终买了一个家长喜欢而孩子一点都不喜欢的书包。要是孩子表示异议，家长就会骂孩子，这么小就这样任性了，长大之后还得了。有的家长，还对孩子发脾气，大人说一，小孩就不准说二。

其实，孩子虽然年龄不大，但一样是一个独立的人，所以自己的想法也需要得到别人的尊重。如果长期把孩子冷落在一边，这对孩子成才是非常不利的。要是家长能够善于和孩子商量，懂得尊重孩子的想法，那么就会产生很多正面的作用。这样的话，孩子就会觉得自己的价值存在，从而觉得自己得到重视。

很多时候，只是家长剥夺了孩子各种锻炼的机会。有一些事情，让孩子参与进来，可以培养孩子的思考能力，也可以让他知道如何做决策。事实上，并不是孩子所有的想法都是不切实际的，有的想法或许给家长带来启发都说不定。实际上，孩子的能力就是通过参与这些决策而形成的。

真正开明的家长，不应该对孩子专制，而是应多听取孩子的意见。这样的话，不仅可以培养孩子的能力，也可以增深彼此的情感。

为何父母管得越多，孩子问题越多？

有一个案例，就是母亲连孩子买书都要管。孩子想去买几本书，但是他的母亲却要对书籍进行严格审查。最终因为孩子买的书籍是小说，这位母亲就不肯批准。他母亲的理由就是，多看看和学习有关的书，那些乱七八糟的东西除了浪费钱就没别的用处。同时，这位孩子不仅买书需要他母亲同意，甚至买个笔袋子都要盘问。总之，没有母亲的批准，什么都不能买的。

这位母亲之所以这样做，当然有她自己的理由。她就是希望通过自己的控制，从而把孩子和自己认为危险的东西隔离了。比如，她觉得要多看看和学习有关的书籍，否则就是有害的。因此，不管孩子做什么事情，都必须经过她的判断。其实，所谓的孩子，只是执行她思想的一个工具而已。

实际上，父母管得越多，对孩子的成长就越不利。道理很简单，父母强迫孩子学习，要是孩子不想学，那么不管外力多大，产生的作用顶多就是他做一个学习的样子。要知道，人力资源是个人私产，别人是无法控制的。如果你是父母，要是你的孩子不喜欢学习，再逼他也是没有效果的。正确的做法就是要通过激励方式，让他把这种积极性调动起来。

有的父母什么东西都要管，只要孩子有一点错误，就会很生气。比如，有的父母每天都要检查孩子的作业，只要有错，即使就一道题，也要挨打。有的孩子说："给妈妈买礼物，是浪费钱。给妈妈做礼物，是浪费时间。妈妈生气，我道歉，妈妈说道歉有什么用，你天天犯错天天道歉。妈妈生气，我哭了，妈妈觉得着急，就再骂我一顿。"

如果父母对孩子管得太多，孩子就失去一切的自由。经济学原理告诉我们，经济繁荣程度往往取决于自由度。这个道理，在家庭教育方面也是一样的。自由是一种选择权，没有自由就没有选择权。要是孩子没有权利自己做决策，什么事情都要在父母管制下去做，那么孩子的才能就无法发挥出来。即使把一个家庭看成一个企业，那么企业内部各个部门还得有一定的决策权，而不是什么事情都向总部报告。父母什么事情都要管，这个费用是相当高，甚至是惊人的。比如，孩子今天和什么朋友出去玩，去了什么地方，聊天内容是什么，甚至很细节的东西都要管的话，那么这一笔费用是相当高的。同时，父母问孩子的话，孩子也未必真实回答。毕竟，父母和孩子存在信息不对称，孩子完全可以隐瞒父母的。例如，他们聊天的内容，这点如何考证？

懂得经济学常识的人都知道，过多管制导致的结果往往都是负面的。比如，政府管住牛肉面的价格，但是无法控制牛肉面放多少片牛肉。政府把价格压低了，那么少放一些肉，这个政府可以管得了吗？要是把房租价格管住了，那么房东就有可能向租客索取额外的礼物。如果父母强迫孩子完成多少道题目，那么他们就可能抄答案来应付。以前，我读初中时，语文老师要求完成资料上的练习题，否则就要受到惩罚。我很多同学就直接抄答案，从而应付老师的检查。后来，语文老师知道很多同学都是抄写答案的，就很生气地说，要是抄答案，就叫全班同学都把资料后面的答案撕掉。即使全班同学把后面的答案撕掉，一样是无法制止这种行为，毕竟还可以借其他班同学的。当时，虽然他是副校长，可以动用这个权力，把其他班同学资料的答案也撕掉。要知道，和我们学校一墙之隔，还有一所初中，我想他应该是管不了的。

还好，我们语文老师只是说说而已，并没有把我们资料上的答案撕掉。那次，语文老师检查时，他发现我语文练习题基本上都没有做。他就问我为什么没有完成作业？我说如果只是为了应付他的检查去完成，像其他同学一样去抄答案的话，是根本没有意义的。自己没做的原因就是没有那么多时间，所以就先做物理题。毕竟，相同时间投入，做语文题产出是最低的。就这样，语文老师对我这样有个性的学生只能表示无奈。

读初中时，我多数时候是偷懒的，不想学习的。不过，有一段时间，我还是很勤奋的。上午放学之后，我回家吃完饭就跑来学校学习，当然中午没有睡觉。到了下午，我有时就眼困，所以趴在桌子上睡觉。数学老师问我，为何上课睡觉？我说困了，就睡觉啦，勉强下来也是没有效果。其实，所谓的睡觉，也只是趴在那里闭着眼睛而已。说真的，我还是比较喜欢个人看书，而不喜欢老师上课。通常情况下，有一些东西我已经懂了，老师还是在讲堂上拼命讲，这对我没有效果，有一些东西我不懂，但是不见他讲，或者讲了，我还是不明白。老师给学生布置作业，不管学生基础情况如何，作业都是一样的，这是非常不好的。让我头疼的就是，有的科目我学得很好，老师布置作业对我来说，完全是浪费时间；有的科目基础很差，老师布置的作业我却不会做。因此，我觉得不管是父母还是老师，还是不要管得那么多，应该把更多权利交给孩子。

就拿我母亲来说，她经常要给我们买衣服，而不让我们自己去买。她的理由就是我不会买衣服，担心我被人家骗了。有时，我自己去买衣服，但是买回来的衣服，她却不满意，又说我被人家骗。因此，我为了避免承担责任，所以也就让她给我买衣服。不可否认，我母亲买衣服比我擅长。不过，我有一次和她说，要是不让我买衣服，那么我永远都不会买。人总要有一个学习的过程吧，要是什么都替我去做，那么我到时什么都不会。后来，我母亲把这个权利归还给我。

以前，我外公经常骂我，说我不懂的话，就不要乱动。后来，我反问他，如果什么都不让我做，我怎么有机会学懂。比如，电话机不给我摸，电视机不给我开，一点实践机会都没有，我怎么可以学会？不过，他没有听我的话。现在，有的父母什么事情都要管，总是担心孩子不懂，所以一步步来指点孩子。

有一次，我住在外婆家，那时我还在读初中。深夜时，计生部门工作人员来敲门，同时还拼命敲我睡觉房间的窗户玻璃。我外婆等人都不出声，装着没人在家，但是我忍不住了，就对他们大骂，是否说了粗口，我已经不记得了。后来，计生人员更加疯狂，就用脚踢门，我外婆被迫给他们开门，并和他们解释，说小孩子不懂事，希望原谅。当时，我舅舅买了一本法律大全，我就拿出给他们看，指着《中国人民共和国宪法》第三十九条，“中华人民共和国公民的住宅不受侵犯。禁止非法搜查或者非法侵入公民的住宅。”计生人员中，有一个人认识我，就说不用猜就知道是我。那些计生人员走后，我就要挨骂了。我外婆都是教育我，叫我听政府的话，说政府都是为了我们的话。说真的，有的父母不仅管制孩子，并且还给孩子洗脑，结果长大之后就变成奴才了。

很多所谓的问题少年，是父母管制而导致的，而无原则的管制、严格管制之下，孩子只能对父母隐瞒信息，结果导致信息严重不对称，甚至父母都无法知道孩子的情况。要是父母能够给孩子权利，让孩子做主，或许孩子更加乐意请教父母。比如，孩子偷了人家的东西，这是非常不好的现象。要是父母知道之后，就对孩子严厉惩罚，那么孩子以后犯错误了，就不敢告诉父母，就更容易走上歧途。如果父母知道之后，耐心给孩子讲道理，让他内心有一种屈辱感，或许这个道德力量会对他有约束。有一位经济学家知道自己孩子偷东西，就对他说，他不可能每一次都顺手，必然有失手的时候。

父母教育孩子时，不要过于追求个人意志，而是要尊重客观事实。父母的权力受到约束，多和孩子讲契约关系，而不是要求孩子无条件服从。要是你相信自由市场有利于经济发展，那么就不要过分管制孩子，那样只能导致问题更多。

别以母爱的名义干涉他人权利

一夜无眠，我一口气看了电视剧《闪婚》很多集。故事是这样开始的，古峰和颜敏要结婚，颜母强烈反对，甚至闯去结婚登记处大闹一场，大骂古峰穷光蛋，誓死也要阻止这场婚姻。颜母反对的理由就是一切都为了颜敏，并且还以她的经验来进行论证。就这样，一对恋人就被拆散了，从而导致接下来发生的悲剧。

尽管这部电视剧情节有点离奇，却是真实世界的一种写照。从很多细节来看，颜母并不是真正爱自己的女儿，而是打着母爱的名义对女儿权利任意干涉，从而满足个人自私的价值观。说不好听一点，就是既当婊子又要立牌坊。只要颜母想做的事情，她就不惜一切代价强迫女儿。同时，她还是虚荣心很强的人。当然，她觉得自己女儿嫁给有钱人，就很有面子。因此，她为了给自己脸上贴光，就强迫女儿按照她的愿望去做事情。

可以说，母亲在家庭事务之中，决定权是非常大的。很多母亲都是喜欢按照自己的意愿去干涉子女的事情，要是子女不买单，她就用母爱进行道德绑架。一位母亲对儿子的婚姻进行干涉，但是她儿子并没有按照她的想法去执行。他们在问题上看法有分歧，争吵不断，并且双方都没有做出让步。她儿子说婚姻自由是个人的权利，任何人都不可以干涉。要是这样下去，将寻求法律途径解决。

母爱就是一条王法，所以触犯了都被视为大逆不道。因此，很多母亲就借着母爱的名义，从而干涉子女的权利。即使出错了，也可以给自己进行辩护，出发点是好的。很多时候，母爱总是无法无天，想干什么就干什么。

就拿婚姻这件事情来说，是否幸福，当事人比任何人都要清楚。不可否认，当事人也会出现决策失误，但是这种概率远远低于母亲的决定。通常情况下，子女对婚姻是否幸福的判断，获取有效信息往往都比父母更多，所以做出决策相对更为正确。

子女是不是母亲的私有财产，假设答案是肯定的。子女可以听从母亲的安排，也可以出价进行赎身。从法律规定和人性角度来看，子女并不是母亲的私产，所以对自己身体拥有产权。婚姻事情自己做主，完全符合法律规定，同时也不和产权经济学逻辑有抵触。因此，母亲只能给子女提出建议，而不是替他们做决定。

有的父母觉得婚姻事情关系家族面子问题，所以要实现脸上有光，就强迫子女做出牺牲。他们通常都说一句话，一切都是为你好的。事实上，这句话是相当虚伪的。他们不是为了子女，而是满足个人自私的要求。要知道，我们的父母官也是为了我们。因为政府担心人民选择摩托车出行不安全，所以要禁摩；政府关心人民住宿条件，所以禁止群租。因此，我们就可以理解母亲的“用心良苦”。

可怕之处就在于没有一种平等对话的环境。母亲一张纸令颁布下去，子女就必须服从。回到电视剧《闪婚》上，要是没有颜母的反对，或许他们的婚姻就不会有这么多悲剧。母亲有自己的价值观，应该得到尊重，但是不可以强加给子女。不要以为自己就是真理的化身，这就是悲剧的起源。

虎妈妈的战歌是通往地狱之路

美籍华人教授蔡美儿由于对子女的高度期待用严格教养来教育两个女儿，把她们培养成学业卓越的音乐神童。她的作品《虎妈妈的战歌》引起争议，从而引发一些观点认为中国式母亲严苛的教育方式战胜了美国妈妈。虎妈妈的教育理念真的是成功的吗？

“虎妈” 蔡美儿为孩子规定的“十不准”，包括内容有：“不准夜不归宿、不准看电视或玩电子游戏、不准有科目成绩低于A、除了体育与话剧，其他科目不准拿不到第一、不准不练习钢琴及小提琴；甚至规定不准参加学校的小组娱乐活动、不准参加校园演出、不准抱怨没有参加校园演出、不准擅自选择课外活动、不准练习钢琴及小提琴以外的乐器等。”这位“虎妈”这样做，那是她认为之所以可以用训斥甚至威胁的方式对孩子施压，而不需要考虑孩子的感受，那是因为孩子天生有一个“强大的内心”。这种观点看来，需要成功的话，就要做到：“不理会孩子的自尊心，认定孩子必须孝顺父母，坚信小孩不懂事，需要父母指引。”

蔡美儿把两个女儿培养成卓越的音乐神童，就论证严格教养是成功的因素，这种言论实在过早。两个女儿能够成为音乐神童，只能说明有一种天赋，有一定的后天训练而已。要知道，培养这两个音乐神童背后的代价是相当高的。从某种意义上来说，只是在严重透支孩子的未来，这让孩子失去很多宝贵的东西，这是一种不断负债行为。可以说，完全是把孩子童年的快乐、自由创造力、人生思考机会等资源透支了，这是一种隐性成本。中国很多虎妈妈的计划体制，一种为了仓库而生产的模式，创造出来的奇迹仅仅是表面的。有的虎妈妈通过严格训练，孩子在读书方面取得优异的成绩，甚至可以考上北大、清华等名校，这看起来是相当风光的。同时，孩子身上却留下不少缺陷，有可能出现人格的缺陷，或者适应社会能力相当差。我们可以看到，有的人读书成绩很好，但是却不懂得如何和别人相处，甚至朋友都很少。

计划经济下，有了高学历，或许就有一份好工作。毕竟，当时是国家安排工作，但是在市场经济条件下，仅仅有高学历，还不行，同时还需要很多方面的因素。因此，虎妈妈把孩子培养成为高学历的人，并非代表就可以找到好工作。虎妈妈通过强化训练，有可能让孩子读书成绩变得很好，这里有个前提，就是孩子比较听话。要是像我这样的人，一旦面临虎妈妈的强迫方式，或许我会造反的，甚至会以死来换取自由。因此，虎妈妈的失败案例是相当多，数不胜数的。

很多家长都是教育孩子好好读书，一心一意去学习，把成绩搞好就行，其他一切事情就不要操心了。有的父母还炫耀自己的孩子很乖，说孩子放学回来就学习，电视不看，游戏不玩，也不出去和朋友玩。有时，老师也把这种孩子当做榜样，号召大家向他学习。其实，这种做法是相当有害的，这直接导致孩子发展的失衡。这就给孩子造成一种错觉，好像只要读书成绩好，将来就一定会有作为。同时，这种高压条件下，即使孩子能够在学业上取得很好的成绩，但是却导致心理上脆弱，甚至出现严重的心理健康问题。因此，很多人心理承受能力很差，遇到一些挫折就产生心理的压抑。这种压抑一旦无法得到释放，就会导致抑郁症等精神疾病，严重者就会走向自杀之路。虎妈妈只是一味去追求孩子的学业成绩，却不教会孩子如何面临挫折，这是相当危险的。

要知道，人生的终极目标就是快乐幸福，金钱、名利、成就、感情等东西只是手段而已。因此，父母就应该帮助孩子一生幸福效用最大化，而不是把自己认为的成功标准理念强加给孩子。一个人童年能否快乐，这对他一生会产生很大的影响。如果一个人没有快乐的童年，长大之后都有一定程度的缺陷。因此，我觉得孩子读书成绩好坏并不是最重要的，重要的是给他一个快乐成长的环境，能够乐观积极去生活。不管将来学业或者事业，成功也好，失败也好，都能够坦然去面对。

兴趣是培养出来的，这就需要父母给孩子营造一个宽松的环境，让孩子找到自己的兴趣。只有孩子对这东西有了兴趣，才有可能有毅力坚持下去。抑郁症患者之所以选择自杀，有一个很重要的原因就是，他对周围任何事物都没有兴趣，那么精神上就失去寄托。一旦遇到什么挫折，就会走上绝路。因此，父母需要尊重孩子的选择，在自由选择的基础下，慢慢去培养孩子的兴趣，从而让孩子精神上产生了一种信仰。要是活着一点都不快乐，即使取得很大的成就，又有什么意义？有的孩子读书成绩很好，但是缺乏生活能力、性格乖张、人格不健全等。

虎妈妈的做法就好比政府通过货币政策等手段来刺激经济，结果造成的只是短期的繁荣，最终埋下危机。一个人得病了，需要正确用药，通过耐心治疗才能康复，这需要一定的过程。虎妈妈的行为就等于只是大量给病人输氧，所以病人一时看起来很有精神，但是很快就不行了。刺激经济往往带来通胀，虎妈妈往往给孩子带来人格的不健全，所以不管政府对经济还是父母对孩子，都应该减少干预。

一些虎妈妈对自己的成果感到喜悦时，虎妈反例却出现了。据台湾“中央社”报道：“2011年1月份，美国媒体刊出华裔移民蔡美儿所写《虎妈的战歌》文章后，高压教育手段引起美国民间热烈讨论。现今一位在美国生活的台湾妈妈蔡怡乐，用放任方式，同样把女儿教育成音乐神童，大家戏称她为‘绵羊妈’。现在，‘绵羊妈’11岁的女儿郑宇婷获得了美国艺术节表演金牌，并受邀到纽约卡内基音乐厅表演。”

两个妈妈主张观点截然相反，虎妈妈主张是政府主导，一切都让政府来做安排，是一种计划经济模式；绵羊妈却主张政府退出经济，一切都交给市场。虎妈妈对市场完全不信任，属于马克思主义经济学；绵羊妈却是自由市场信仰者，非常坚定信仰自由市场，属于奥地利经济学派。虎妈妈的观念就是不允许小孩拥有自己选择的权利，所有东西都在父母主导下进行；绵羊妈却是给孩子最大的自由，不干预孩子的选择。

“绵羊妈”蔡怡乐说道：“没有强迫女儿郑宇婷学习任何技艺，女儿是在6岁时出于自己兴趣才选择学习钢琴；之后更加投入，开始进行师生一对一教学，甚至每天自主练习2小时，完全不需要别人叮咛。”同时，她的女儿郑宇婷还喜欢看电视，或做些简单的手工艺品，也会与家人玩游戏，生活与正常人相同。

蔡美儿是通过严格教养把两个女儿培养成为音乐神童，而并不是她的两个女儿出于自己的兴趣而选择的，这就有很多隐患存在。蔡怡乐的女儿却是由于个人兴趣，主动做出这样的选择，这和外力作用是完全不同的。一种是被动兴趣，一种是主动兴趣，哪种更有生命力？我想这个答案不用多说。

从教育成本角度来看，虎妈妈付出的成本是相当高的，这就好比大政府那样，官僚机构庞大。绵羊妈付出的成本是很低的，就好比小政府，大社会，能够有效约束个人权利。妈妈和孩子存在信息严重不对称，虎妈妈的干预就难免出错，这可能是一场灾难。绵羊妈就好比一个守夜人那样，不轻易介入市场。

中国多数都是虎妈妈，美国多数都是绵羊妈。前者主张计划经济，后者主张自由市场。非常有意思的就是，美国是自由市场的国度，但是中国离自由市场还有很多的距离。对于这两个妈妈的神童女儿，到底谁的女儿能够笑到最后，还是让时间来验证吧。

小 结

有一个案例，就是母亲连孩子买书都要管。孩子想去买几本书，但是他的母亲却要对书籍进行严格审查。最终因为孩子买的书籍是小说，这位母亲就不肯批准。很多时候，她只是觉得自己的想法是对的，甚至极端自负。

事实上，很多父母都是觉得自己的想法是对的，所以孩子也必须按照他的想法去做，否则就很不高兴。如果父母充当一个大政府角色，那么孩子什么事情都做不了。在这种情况下，孩子就是执行父母的命令，但是没有自己的决策能力。

培养孩子的决策能力，表面看起来，很多父母都会积极响应，但是真正做起来，就不喜欢放权。很多父母都喜欢贪恋权力，从而干预了孩子的决策权。如果是真心教育孩子，那么父母就真正要好好反思，而不是满足自己的控制欲。

好妈妈大讲堂

第二章

男孩子性格培养注意事项

第一节
男孩需要敢作敢当

美国心理学家弗洛姆说：“责任并不是一种由外部强加在人身上的义务，而是我需要对我所关心的事件做出反应。”因此，要让孩子产生这种内生的力量，而不是外力推动。很多父母发现孩子许多没有责任心的表现，所以感到很烦恼。事实上，这个烦恼往往是多余的。在这方面，专家的答案就是：“每个孩子在幼儿阶段都曾表现出各种主动尝试的愿望，如幼儿自己要求独立吃饭、试穿衣服、手脏了自己洗等，这正是一种责任心的萌芽。”因此，孩子可以通过亲身经历，体验到自己的责任感。面对社会激烈的竞争，需要责任感精神，尤其是男孩。对于很多父母来说，就应该学会培养孩子的责任感，这有利于孩子的成功。

培养孩子的责任感

培养孩子的责任感，这点很重要。对于男孩来说，家长更需要重视这方面。对于孩子来说，责任感是向上奋进的内部动力，是赢得成功的催化剂。因此，在孩子的成长过程中，一定要从生活上的点滴去培养。

责任感是做人的基础，要让孩子从小就开始有这种意识。作为一个男孩，应该具备敢作敢当的精神。也就说，只要做了某件事情，不管是做对，还是做错，都应该勇于承担。

如果一个小男孩把一块石头从窗户里丢出去了，那么可能会砸到人，或者产生其他的恶劣后果。这种情况下，父母就应该告诉他，这样做需要承担什么责任，而不是觉得小孩子不懂事，就这样算了。

美国心理学家弗洛姆说："责任并不是一种由外部强加在人身上的义务，而是我需要对我所关心的事件做出反应。"因此，要让孩子产生这种内生的力量，而不是外力推动。很多父母发现孩子的许多没有责任心的表现，所以感到很烦恼。事实上，这个烦恼往往是多余的。在这方面，专家的答案就是，"每个孩子在幼儿阶段都曾表现出各种主动尝试的愿望，如幼儿自己要求独立吃饭、试穿衣服、手脏了自己洗等，这正是一种责任心的萌芽。"

《家有小富翁》这本书说道："我家隔壁一个8岁的小男孩有一辆自行车，为了督促他爱惜车子，如果他能保证不让自行车日晒雨淋的话，家长就会定期奖给他一些零用钱。于是他认真地按要求做了，零花钱也拿到手了。但有一次，因为自己不小心把自行车的车圈碰变形了，所以不得不从自己辛苦挣来的零花钱里花2美元去修理。从那以后，他变得更加爱惜自己的车子了。因为，他懂得了，不论是自行车，还是自己的零花钱都是来之不易的，毁坏了哪里，就要从自己的现有存款里拨付出来，这就是为什么要让孩子们懂得人人都要承担财务责任的道理。而一旦养成了这个良好的习惯，孩子们以后在用钱或者存钱的时候，就会越来越理性了。”因此，孩子可以通过亲身经历，体验到自己的责任感。面对社会激烈的竞争，需要责任感精神，尤其是男孩。对于很多父母来说，就应该学会培养孩子的责任感，这有利于孩子的成功。

要改掉孩子找借口的习惯

有一些孩子，往往比较喜欢找借口，这是个非常不好的习惯。特别有一些男孩子，人是很聪明的，但有时就是喜欢找一些借口，从而卖弄自己的小聪明。其实，这是一种非常不好的现象，这点应该引起家长的注意。

实际上，找借口只是自己欺骗自己而已。我们都知道，借口是自己最大的敌人。因此，对孩子的培养，就要从孩子小时候开始，改掉他找借口的习惯。要是什么事情都找借口，那么就无法改掉自己的缺点。这种情况下，就不能正视自己的问题，同时也不利于改掉缺点。

对于父母来说，就要改变孩子的心态，不要让他养成找借口的习惯。有的男孩子很聪明，那么他这种聪明就不能用在找借口上，而是运用在解决问题上。《30岁之前你不能没有危机感》这本书说道：“找借口的一个直接后果就是容易让人养成拖延的坏习惯。在美国西点军校，有一个广为传诵的优良传统，学员遇到军官问话时，只能有四种答复：‘报告长官，是’‘报告长官，不是’‘报告长官，不知道’‘报告长官，没有任何借口’。除此以外，不能多说一个字。‘没有任何借口’是美国西点军校200年来奉行的最主要的行动准则，是西点军校传授给每一位新生的第一个理念。它强化的是每一位学员想尽措施去完成任何一项任务而不是为没有完成任务去寻找借口，哪怕是看似合理的借口。秉承这一理念，无数西点毕业生在人生的各个领域取得了非凡的成绩。千万别找借口。在现实生活中，我们缺少的正是那种想尽方法去完成任务，而不是去寻找任何借口的人。在他们身上，体现出一种遵从、老实的态度，一种负责、敬业的精神，一种完美的执行能力。”

当然，父母也不能把什么理由都看成孩子的借口。有时确实受客观条件限制，那么孩子做不到，也绝对不是借口。比如，孩子计划下午出去跑步，但是天空下起大雨，那么孩子选择不出去跑步，这个绝对不是借口。因此，对于父母来说，要分清楚，什么是借口，什么是正当理由，这是非常重要的。

不管什么情况，父母都应该想方设法帮助孩子改掉找借口的习惯。不过，这个前提就是能够辨别，这个理由到底是不是借口？要是孩子把什么理由都当成借口，那么就会对孩子造成伤害。这一点，就要看家长个人的辨别能力，能否理性地看问题。

孩子成长过程中，可能有各种缺点，比如找借口就是一种。因此，父母一定想方设法改掉孩子的缺点，特别是对于男孩子来说，更应该重视。改掉男孩子找借口的缺点，这有利于培养他成为一个敢作敢当的男子汉。

第二节
培养男孩的阳刚之气

对于男孩来说，不能没有阳刚之气，否则就不利于他的成长。阳刚之气是男孩性格的标志，阳刚之气是相当重要的。不管客观环境如何，家长都应该争取有利于男孩成长的一面。作为父母，应该培养男孩的阳刚之气。因此，男孩不能娇生惯养，否则就会失去阳刚之气。事实上，有一些父母就忽略了这点，从而让男孩失去阳刚之气。

要改掉男孩的“娘娘腔”

所谓的娘娘腔，就是说男人具有一定程度的女性或说阴柔气质，主要表现在心理和行为两个方面。“娘娘腔”在很多人心中都是一个贬义词，主要说男性具备女性的气质，不像一个真正的男子汉。

据媒体报道：“德国儿童行为学家的一项专题研究表明，大约6%的男孩在其上中小学，甚至进幼儿园时，即出现程度不等的‘娘娘腔’，而且其中有一半在其成年后仍表现得‘奶油味’十足。德国专家已经证实，孩子的‘娘娘腔’基本上与遗传因素无关。一项统计显示，凡父亲在孩提时表现出‘娘娘腔’而成人后又消失的，其儿子表现为‘娘娘腔’的比例与其他家庭的男孩相比只是略高一些。但如若父亲在孩提时代表现出的‘娘娘腔’一直保持至今，那么其儿子表现为‘娘娘腔’的比例就要比其他家庭的男孩高出2～3倍甚至更多。这就意味着，男孩‘娘娘腔’的形成，在很大程度上是与其生活的环境息息相关的。实际上，诸如父亲的性格、家长的期待、排行、家里女性多还是男性多、小伙伴的影响等，都可能对孩子的行为方式、性格特征产生一定的作用。”

如果孩子出现“娘娘腔”，那么家长也不要恐慌。尽管“娘娘腔”是一种不好的现象，但是也没必要大惊小怪。只要能够找出问题，那么克服是没问题的。比如，鼓励孩子多与男孩玩耍。同时，有的孩子产生的“娘娘腔”，也有家长的因素。有的母亲觉得男孩太调皮了，所以就用培养女孩的方式来培养他。有的母亲，竟然把自己家的男孩“装扮”成女孩模样。要是这样下去，就会助长孩子的“娘娘腔”倾向。

有专家给出一些建议就是：“关注排行。研究显示，独生子或排行最小的男孩，表现为‘娘娘腔’的比率往往较高。这是因为他们在家中往往更受呵护，因而也往往更容易缺少独立性。家长不妨对这些男孩多多‘放开’，多多让其‘独立自主’。家长在帮助孩子克服‘娘娘腔’时，务必循循善诱，而不是责备呵斥，此外最好做到不留痕迹，即所谓的‘随风潜入夜，润物细无声’。如果经过种种努力，孩子的‘娘娘腔’行为仍不见好转，那也切莫长吁短叹、心苦神伤，因为这本不是什么大事，只是孩子成长中的一件小事而已。”

对于孩子的“娘娘腔”，家长一定要用正确的方法来对待，而不是过于紧张。当然，父母树立起榜样，这点也很有效果。因此，父母一定要对症下药，从而改掉孩子的“娘娘腔”。

男孩不能没有阳刚之气

对于男孩来说，阳刚之气是相当重要的。作为父母，应该培养男孩的阳刚之气。因此，男孩不能娇生惯养，否则就会失去阳刚之气。事实上，有一些父母就忽略了这点，从而让男孩失去阳刚之气。

随着独生子女越来越多，很多父母都过于疼爱孩子，尤其对男孩更是过度地保护。正是因为这样，很多男孩胆小懦弱、缺少男子汉的阳刚之气。有的人曾经大声呼吁：“中国的男人气在逐渐消亡，中国的纯爷儿们越来越少，将影响未来中国军队的战斗力。”

家庭教育专家唐路美说道：“孩子在成长过程中有两个重要阶段：1~3岁，个性发展期。10~18岁，人格形成期。处于个性发展期的孩子，男女差异无几，学会走路后，独立意识逐渐出现过程中形成习惯，这时好奇心强烈、思维活跃，一张纸、一杯水，声音表情都值得他们关注。”因此，在这个时候，家长应该培养孩子的性别意识，让他认识到自己是一个男孩，需要学会刚强。

男孩子在上幼儿园时，基本都是女老师，这对培养男孩阳刚之气是有影响的。上学时，基本也是女老师居多，所以这些都是负面影响。家庭教育专家唐路美说道："当精神的步伐跟不上经济快速发展的脚步时，家长对孩子的要求发生了变化。听话、成绩好、功利性成了许多家长对孩子要求的唯一标准，从听从到服从，从服从到盲从，导致很多孩子无法形成健康阳光的人格，许多男孩胸无大志、性格软弱也就不足为怪了。"

当然，也不能说环境决定了男孩是否有阳刚之气，但是这个因素对男孩的影响还是很大的。对于父母来说，就是想尽办法克服不利因素，从而创造各种机会去培养男孩的阳刚之气。据媒体报道："心理卫生工作者指出，儿童在早期男性观念与行为的获得，很关键的就是观察、模仿父亲的语言与行为，并接受家庭特别是父亲对其男性化角色的规范影响，然而，在竞争日趋激烈的现代社会环境中，许多父亲将越来越大、越来越多的精力都用在工作上，力争在社会上出人头地，而对家庭里的事，特别是有关孩子教育方面的事投入精力和时间太少，将此重任托给母亲，回到家里也很少与孩子在一起，有的甚至认为'教孩子'是一件自找麻烦的事情，所以，在家庭里，母性的温柔字根表和性别角色正在潜移默化地影响着'龙的传人''听话、不要太顽皮'的评价标准使小小男子汉应有的阳刚之气悄然离去。"

需要指出的是，有的母亲往往以自己的角色来培养男孩，这是一种误区。很多时候，母亲在教育孩子时，往往忽略自己的孩子是一个男孩，要培养他的男子汉气概。因此，一定要正确培养孩子的性格。

对于男孩来说，不能没有阳刚之气，否则就不利于他的成长。阳刚之气是男孩性格的标志，这点不能去掉。不管客观环境如何，家长都应该争取有利于男孩成长的一面。

第三章

女孩子性格培养注意事项

第一节
要让女孩子坚强勇敢起来

对于父母来说，他们往往把自己的女儿当成小公主。很多人都觉得女孩天生就胆小，怕黑，怕在地上爬来爬去的虫子等。因此，父母只对小公主呵护，所以无意之中就给她灌输了软弱的思想。

“当女孩希望得到某种东西或机会的时候，当女孩的权利被侵犯的时候，当女孩面临各种压力的时候， 父母要鼓励女孩说出自己的内心需要，主动去争取，否则就只有伤心或被欺负。”我非常同意这句话，所以希望那些父母，可以好好参考这句话。

不管什么时候，我们都应该给女孩子一种提醒，她们不是软弱的代名词。因此，要鼓励她们勇敢起来，这是优秀女孩应该具备的品质。

女孩子要学会拒绝眼泪

很多女孩子喜欢流眼泪，从而渴望得到一种呵护。很多父母都觉得女孩子流泪是很正常的，所以往往忽略培养她坚强的一面。当然，不管是女孩还是男孩，流泪都没什么，但是绝对不能遇到什么事情都需要用眼泪来解决。

事实上，很多女孩都相信眼泪，甚至通过眼泪获取别人的认可。很多时候，我们总有一种观念上的误导，就是通过眼泪诉说来打动别人。实际上，这种方法只能换来别人的可怜。因此，我们必须认识到这种错误的意识。

随着社会分工越来越细，女性参与这个社会分工越来越多。面对市场经济，需要一个强者，而不是一个弱者。要参与社会竞争时，别人绝对不会因你是一个女孩而谦让你。尽管社会上的口号，说是女生优先，可是一旦竞争起来，大家地位都是平等的。因此，对于父母来说，要从小就培养女孩子这种竞争意识，否则她将来长大之后，就无法适应这种环境。

要知道，眼泪不是女孩子的专利，否则照样会让别人看不起。男孩需要坚强，女孩也应该如此。因此，父母要让女孩子坚强起来，而不是处处让她流泪。如果她遇到挫折，就应该鼓励她勇敢面对，要告诉她，不要相信眼泪。

对于父母来说，要从生活小事开始培养女孩子的坚强意识，而不是让她觉得女孩就是应该脆弱。尽管女孩都希望得到呵护、关心，但是并非等于自己就可以脆弱起来。作为女孩，也应该做到坚强，学会拒绝眼泪。

一个女孩学会拒绝眼泪，那么她就可以坚强起来。这样的女孩，在社会上获得成功的概率就会比普通的女孩要高。这个世界上，不是任何人都对你友善，所以要学会坦然面对这一切。对于女孩来说，要从不相信眼泪到拒绝眼泪。

女孩需要温柔，也需要坚强，这两者是没有矛盾的。因此，既然要培养女孩子温柔体贴的方面，也要培养坚强的气质，这才称得上是一个完美的女孩子。

女孩子不是软弱代名词

我们通常都会说，不要欺负女孩子。这句话的潜台词就是，女孩子就是弱者，是软弱代名词。事实上，很多女孩都在潜意识中觉得自己很软弱，所以形成一种惯性思维。当然，这和家庭教育有关，特别是长期以来产生的误区。

对于父母来说，他们往往把自己的女儿当成小公主。很多人都觉得女孩天生就胆小，怕黑，怕在地上爬来爬去的虫子等。因此，父母只对小公主呵护，所以无意之中就给她灌输了软弱的思想。

《女孩到底应该怎么管》这本书说道："正因如此，胆小和懦弱就成了这些女孩的代名词，结果，她们总是受到男孩的欺负，争取不到自己想要的东西。6岁的小女孩乐乐非常胆小。一次，妈妈带她出去玩，旁边突然跑过来一只小狗，乐乐吓得'哇'的一声大哭起来，妈妈费了好大劲才哄好她。从此以后，乐乐见到小狗就躲，要不就大哭。后来，爸爸知道了这件事，就找到一个机会，将乐乐带到一只小狗面前。乐乐躲在爸爸的怀里不敢出来，但爸爸硬拉着她出来，对她说：'宝贝，你看，这只小狗多可爱啊，它在跟你打招呼，你也跟它找个招呼吧。'说着，爸爸还用手摸摸小狗。这时候，乐乐有点动摇了，她开始试着去逗小狗，对它说话，慢慢地，她开始喜欢上了小狗。"

因此，父母认为女孩子就是软弱的，所以只能呵护。要告诉她，其实小公主也可以很勇敢的。实际上，父母对小公主过分的溺爱，往往会导致她形成懦弱的性格。我们应该明白一点，过分保护绝对不是好事。

《女孩到底应该怎么管》这本书说道："当女孩希望得到某种东西或机会的时候，当女孩的权利被侵犯的时候，当女孩面临各种压力的时候，父母要鼓励女孩说出自己的内心需要，主动去争取，否则就只有伤心或被欺负。"我非常同意这句话，所以希望那些父母，可以好好参考这句话。

不管什么时候，我们都应该给女孩子一种提醒，她们不是软弱的代名词。因此，要鼓励她们勇敢起来，这是优秀女孩应该具备的品质。

第二节
要让女孩子自信起来

对于一个女孩子来说，培养她的自信是很关键的。一般来说，自信的女孩子往往获得幸福的机会比较大。中国经历两千年专制社会，再加上自然经济基础，所以女孩子在竞争中确实没有什么优势。这样的意识影响了人们，从而产生女孩不如男孩的想法。

对于女孩子来说，只要她有了自信，那么她人生道路的成功概率就会大增。同时，她也能够快乐幸福地生活，我想这是父母希望看到的。因此，父母要随时给她鼓励，哪怕她遇到挫折时，也应该这样做。

因此，要让女孩走出自信的第一步，就是要消除她心理上的自卑。要是这点都无法做到，那么就不可能让她自信起来。

自信的女孩子很幸福

对于一个女孩子来说，培养她的自信是很关键的。一般来说，自信的女孩子往往获得幸福的机会比较大。中国经历两千年专制社会，再加上自然经济基础，所以女孩子在竞争中确实没有什么优势。这样的意识影响了人们，从而产生女孩不如男孩的想法。

《自尊女孩手册》这本书说道："当今女孩子似乎诸事顺意。她们的自信心、考试成绩和职业机会都在上升。她们从家庭的束缚中解放出来，享有50年前闻所未闻的自由。许多男孩子认为现在的女孩子过得过于舒坦，因而怨愤不平，因为曾感召当今女孩子母亲一代的兼顾事业和家庭的时代，在她们这里正演变成'走出去追寻自己的一切'的时代，并将男孩子们远远地抛在了后边。"

当然，女孩子能否做到自信，这和父母的教育也有很大关系。如果一个女孩自信的话，那么她在成长过程中就会很快乐，就会起到正面的作用。要是她能够自信的话，那么她就会有一个乐观的人生态度，积极争取各种东西。因此，有人说："自信是成功的第一秘诀。而几岁到十几岁这段时期，正是女孩自信心培养和树立的关键时期，所以爸爸一定要特别注意对女孩自信心的保护和培养。"

父母应该经常鼓励女孩子，尤其在别人面前，要及时给予孩子肯定。有时候，父母在人家面前表现得谦虚，往往说自己的孩子不行。其实，这种做法会损害到孩子的自尊心，尤其是女孩子。因此，当别人赞扬自己家小公主的时候，父母应该教她，对她赞扬的人说声谢谢，并且说自己会努力。要是孩子自己没有说，父母也应该说，而不是装谦虚去损害孩子的自尊心。

对于女孩子来说，只要她有了自信，那么她人生道路的成功概率就会大增。同时，她也能够快乐幸福地生活，我想这是父母希望看到的。因此，父母要随时给她鼓励，哪怕她遇到挫折时，也应该这样做。

有的父母心情不好，情绪就会失控，从而骂孩子，特别打击孩子的信心。这样对孩子的成长非常不利。记得一点，女孩子更多需要鼓励。

要消除女孩子的自卑心理

相对来说，女孩子比男孩子更容易产生自卑心理。只是很多时候，她们没有表现出来而已。女孩对外貌过于计较，所以在这个敏感的问题上，往往容易产生自卑心理。比如，她自己长相不够漂亮，或者身材矮小，甚至皮肤黑一点都会导致这种自卑感的产生。

不管是男孩还是女孩，自卑心理都是不好的，只是女孩更难消除。有一位作家说过："一个自卑的人并非浑身缺点，但他从来拒绝看到自己闪光的地方，而以放大镜对付自己的短处，人好像灰色得活不下去，好像下一刻就是世界末日。

"一个人，若时常处于自卑状态，自己也会成为自己的地狱。"

《女孩到底应该怎么管》这本书说过一个案例，这个案例值得我们学习。该书说道："已经上初中的晶晶是一个胖女孩，但无论做什么事情她都充满自信，自告奋勇当班长，积极学舞蹈，参加学校的歌唱比赛，积极与老师讨论自己的解题思路，每当别人夸奖晶晶阳光自信，向晶晶父母讨教秘方时，妈妈就会谈起自己的育女经：其实，晶晶刚上学的时候也因自己的体形非常自卑，尤其当班里的调皮男孩叫她'胖妞'之后，她变得更自卑，常常躲开同学们。她不敢与人对视，不愿意去公众场所，不愿穿色彩鲜艳的衣服，不愿被人关注，不愿融入集体活动中，于是，她开始以'不饿'为理由拒绝吃饭，小小年纪便得了胃病。看着女儿日渐消瘦，我们很心疼，也怕她的身体和心理都会受到伤害，便用她的偶像杨澜来激励她。”

尽管别人的成功不能复制，但是在一定程度上还是可以消除一个人的自卑心理。不过，我个人觉得，如果父母在举例时，能够列举成功人士过去的经历和自己的孩子差不多时，可能会更有说服力。

《女孩到底应该怎么管》这本书说道：“像晶晶这样的女孩是幸运的，因为她有一双好父母。而另外很多女孩，特别是自己长相有某些缺陷的女孩，却是非常不幸的，因此而造成的悲剧太多了。所以，做父母的要学会包容自己女儿的不足之处，引导女儿意识到自己认知的错误，告诉她：青春无敌，只有自信的女孩子才是最美丽的。”

因此，要让女孩走出自信的第一步，就是要消除她心理上的自卑。要是这点都无法做到，那么就不可能让她自信起来。